"運命の出会い"を探しに！

KOREA GOODS GUIDE BOOK

とっておき韓国雑貨ガイド

監修 natsuyo（雑貨屋PKP店主）

“運命の出会い”を探しに韓国へ!

K-POP、ドラマ、ファッション、コスメ、料理、韓国語…
韓国には心ときめく素敵なものがたくさんあります。
この本で紹介する“韓国雑貨”も、そのうちのひとつ。
韓国の作家やデザイナー、雑貨屋の店主たちの思いが込められた
“とっておき”の韓国雑貨たちを、この1冊にギュッと詰め込みました。
ハンドメイドの一点モノや限定商品などが多いジャンルなので
「可愛い!」と思ったその雑貨も、次の渡韓ではお目にかかれないかも。
あなたもこの本を片手に、“運命の出会い”を探しに行きませんか?

まずは基本情報をCHECK!

HOW TO 韓国雑貨トリップ

“韓国雑貨”の観点から見た各地域の特色や「そもそも韓国雑貨って?」という基本のキなど、
最初に知っておきたい情報をまとめました。

韓国雑貨をめぐるソウルMAP

やっぱり弘大周辺はいろんな雑貨屋があるね
明日は聖水の方まで行こ〜!!
景福宮
大学路
今まさに再開発の波が押し寄せており、新旧混ざり合う空気感が韓国の若者にも人気。クリエイターが集まるエリアでもあるので、一点モノや掘り出し物に出会いたいならココ!
東大門
乙支路
南山タワー
ソウル駅
漢南洞
梨泰院
落ち着いた雰囲気で、洗練されたブティックやレストランが多い地域。感度高めのおしゃれさんが通うセレクトショップやライフスタイルショップで、センスのいい雑貨を狙いたい!
倉庫や工場をリノベーションしたカフェが立ち並ぶ新興エリア。有名な雑貨ブランドも続々と進出してきており、聖水〜ソウルの森周辺は今HOTな雑貨屋激戦区です。
聖水洞
ハイブランドのブティックが軒を連ねるセレブタウンであり、定番の観光地。カロスキルでカフェやアパレルの路面店などを散策しながら、雑貨屋にも立ち寄るのがおすすめです。
狎鴎亭
COEX MALL
별마당도서관
漢江
高速バスターミナル

そもそも…“韓国雑貨”ってなに？

本書の監修担当

雑貨屋 PKP 店主
natsuyo さん

ベージュ系の淡い色みにシンプルな線画が描かれたもの、ほのぼのとゆるい動物キャラクター、お手頃価格で購入できるインテリアグッズなど。日本では今、これらが〝韓国っぽい雑貨〟とされてトレンドになっていますが、この本では、「作家さんやお店の方の思いが伝わるあらゆる雑貨」を〝韓国雑貨〟と呼んでいます。作家さんの感性やバックグラウンドが一人ひとり違うように、「こういう色・デザインなら韓国雑貨」という画一的な定義はありません。カラフルなもの、シンプルなもの、カッコいいもの、可愛いもの。飾るもの、身につけるもの、何だかよくわからないけど愛しいもの……見た目も種類もさまざまですが、作り手やお店の思いが感じられるような、そして韓国で購入できるすべてのものを〝韓国雑貨〟としています。

私が韓国雑貨に興味を持ったきっかけは、韓国のライブハウスやイベントに通う中で知り合った人たちに、アートやデザイン、アパレルなどに関わるクリエイターが多かったことでした。そして韓国に遊びに行くたび、アトリエを案内してもらったり展示に見に行ったりするようになり、作家さんたちの作るものに興味を持つように。「このデザインはどんな意味があるの？」「子どもの頃は何が流行っていたの？」そんな会話を重ねていくうちに、作品だけではなく韓国の歴史や人々の暮らしなどを知ることで、似ているようで似ていないお互いの国の文化に興味が湧き、より韓国を好きになっていきました。

この本を読んで「これ、可愛い！」と心を躍らせたり「この作家さんはどんな方？どんなカルチャーに影響を受けたのかな？」と考えることで、〝韓国っぽい雑貨〟では語り得ない韓国の多様性に触れるきっかけとなり、〝韓国雑貨〟をより特別な気持ちで楽しんでもらえたら嬉しく思います。

5 韓国雑貨攻略のためのカ条！

1. 営業日は必ず事前に確認！

個人が経営している雑貨屋などは特に、週末やSNSで告知した日しか営業していない場合があるので要確認。月曜定休も多いです。

2. 在庫は日々入れ替わります

作家のハンドメイド品はもちろん、大きなブランドも商品入れ替えのサイクルが早いので、本書掲載のアイテムも既にない可能性あり。

3. 動きやすい服装がベター

こじんまりとした雑貨屋に多いのが、エレベーターがないビルの3階以上に入居しているパターン。歩きやすい靴に、荷物も少なめで！

4. カカオタクシーを駆使しよう

3に加えて、交通アクセスもよくないのが雑貨屋あるある。観光客も使える「カカオタクシー」でタクシーを呼べば効率よく回れます。

5. “B급”の文字に注意！

韓国でよく見かけるのが“B級品”コーナー。売れ残りではなく傷や汚れで安くなっている商品なので、気になる人は注意が必要です。

弘大入口駅の北側に広がるエリアは、ここ数年で一気に若者が集う街へと進化。センスがいい小さな雑貨屋が点在しています。
延禧洞
延南洞
ワールドカップ競技場
望遠洞
弘大
望遠駅から漢江にかけての地域に、ヴィンテージショップや雑貨ブランドのショールームが集まっています。駅から少し歩くのでタクシーやバスも活用して。
大型店も多く、プチプラのステーショナリー雑貨を買うなら学生街の弘大が一番！ 隣駅の合井あたりまで足を延ばせば、余裕で1day雑貨ツアーができる♡
ENJOY
63ビル

本書の掲載店をまとめたMAPを公開中！

HAPPIER

KOREA GOODS GUIDE BOOK

CONTENTS

CHAPTER 01

009 韓国雑貨ビギナーさんへ

まずはココから！な イチ推しブランド

CHAPTER 02

021 ハシゴして大満足！

今HOTな激戦区で雑貨屋ツアーしたい

CHAPTER 03

035 欲張りなあなたへ

セレクトショップ＆大型店は雑貨天国です

Melt, Melt, Melt!

YESSS!!!

You are my Dream

I CAN BE HAPPP PIER!

CHAPTER 04

CHAPTER 05

CHAPTER 06

CHAPTER 07

CHAPTER 08

※本書に掲載したデータは2023年3月現在のものです。
※本書で紹介している商品は売り切れ、または価格が変更になる場合があります。
また、営業時間・定休日・料金などは
変更になる場合がありますので、ご旅行の際にはあらかじめご確認ください。
※本書に掲載された内容により生じたトラブル、損失などの責任は弊社では一切負いかねますので、あらかじめご了承ください。

アイコンの見方
☎電話番号 住所 営業時間
㊡定休日 交通アクセス Instagramアカウント

KOREA GOODS GUIDE BOOK

CHAPTER 01

韓国雑貨ビギナーさんへ

まずはココから！な
イチ推しブランド

「韓国雑貨」という言葉を聞いたことはあるけど、
どんなブランドがあるの？というビギナーさんのために
既に日本でも認知度が高い“トレンド”ブランドと、
PKP店主が選ぶ現地で話題の“キニナル”ブランドをピックアップ！

"韓国雑貨ブーム"をけん引する、日本でも有名な定番ブランドを一挙ご紹介！　日本未発売の新商品や限定アイテムが見つかるかも。

推し活のマストアイテムがそろう！
オタク御用達の人気SHOP

ⓒ

ⓑ ⓐ

入れるだけで
簡単デコトレカ♡

TREND SHOP
❶
THENCE

推しの
トレカを入れて

日本でもたびたびポップアップを開催している、ストリート系の雑貨ブランド。トレカやアクスタなどの推し活アイテムを収納できる雑貨も多く、K-POPオタクなら必見です！

ⓐミニL字型ホルダー(6枚セット)6,500W ⓑコレクトブック(ミニ)11,000W ⓒコレクトブック16,000W　大量のトレカもまとめて収納&バッグにIN

PKP's comment

コレクトブックの
パイオニアです！

今ではいろんなブランドが商品化しているコレクトブック、実はTHENCE発祥なんです。独特のデザインや色づかい、常に新しい文化や楽しさを作り出す姿勢は唯一無二！

ステッカーはどれも
可愛すぎて選べないー！

ⓖ

ⓖホログラムステッカーパック5,500W

アクスタやアクキーの
持ち歩きに

ⓔ

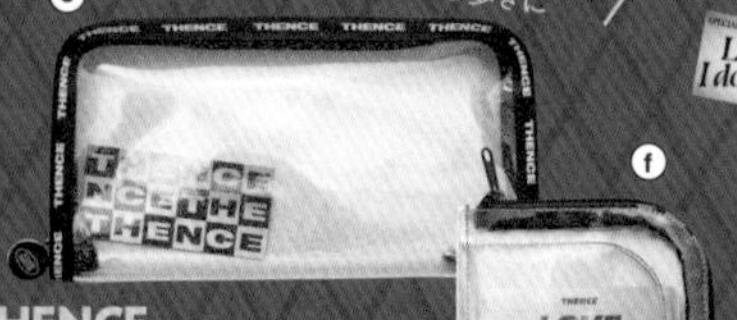

ⓕ

ⓓ

THENCE
덴스／デンス

☎02-766-6926 🏠鍾路区栗谷路185 🕘14:00〜19:00 ㊡日〜水曜(その他、非定期の休業日もあるためInstagramにて要確認) 📍地下鉄1号線鍾路5街駅2番出口から徒歩約10分 Instagram thencestudio

ⓓラベルステッカーパック6,500W　デコに欠かせないステッカーも種類豊富 ⓔクリアポーチ21,000W、ⓕクリアカードウォレット21,000W　中身が透けて可愛い

TRENDSHOP

デザイナー夫婦によるトレンドもおさえたほっこり可愛いキャラクターグッズ

TREND SHOP 2

1107

日本のアパレルブランドと立て続けにコラボし、認知度が急上昇中。いつも一緒の“ゴンチリ”と“ゴンシリ”をモチーフにしたグッズは、可愛いだけじゃなく実用性＆使い勝手もバッチリです。

a

b

ⓐマグカップ13,000W ⓑガラスマグカップ15,000W クリアで可愛いガラスマグは耐熱仕様

ファブリック系の雑貨も充実！

c

韓国で流行ってる人生4カット風

ⓒステッカー（3枚セット）2,500W　4コマ漫画みたいで、見るたびにストーリーを予想するのも楽しい

d

ⓓポストカード各1,000W

e

f

g

こんなに可愛いけど実は携帯用アルコール！

ⓔコーデュロイポーチ13,000W、ⓕボアペンケース12,000W　マチ付きだから大容量で嬉しい！ ⓖ携帯用消毒アルコール7,500W　流行や世相を反映した、今ちょうど欲しい雑貨も

h

ⓗばんそうこう900W ポーチの中に常備しておくのにも最適なサイズ感

1107

일일공칠／イリルゴンチル

☎010-4363-5405 陽川区木洞中央北路2キル17 13:00～18:00 ㊡金曜 地下鉄9号線登村駅6番出口から徒歩約5分 shop1107

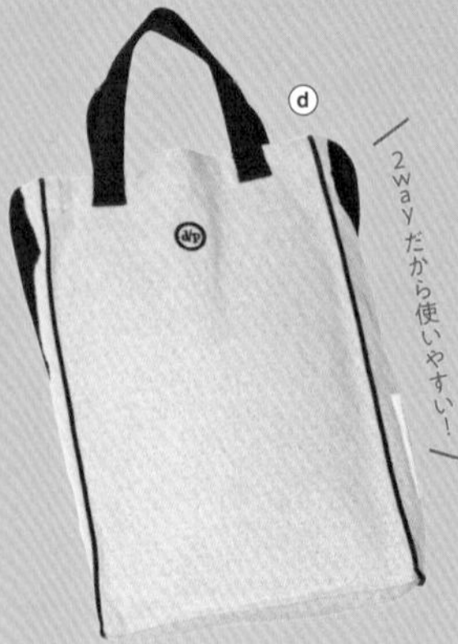

d

2wayだから使いやすい！

c

ⓒバッグ39,000W　コットンツイル生地でなめらかな肌ざわり。人気のコーヒーバッグシリーズ

大・大・大人気！
代名詞ともいえるエコバッグ

a

TREND SHOP
3

depound

depoundのエコバッグを持ってる＝おしゃれな人というくらい支持を得ている超有名ブランド。アパレル、食器、ルームスプレーなども扱っています。世界観に浸れるショールームはファンにはたまらない！

e

b

ⓓバッグ48,000W　ショルダーにもなる2wayタイプ。スマホも入る内ポケットつき ⓔポーチ19,000W　牛革パッチが高見えするミニポーチ

ⓐビッグトート49,000W　大容量で持ち手が長く生地も丈夫。2018年に発売してからロングセラー ⓑミニバッグ39,000W　定番商品が装い新たに。サブバッグにちょうどいいサイズ

TREND SHOP

エコバッグブームの火つけ役！

i

j

f

ポーチ、カップ、
靴下など小物類も充実！

ⓘオーバル皿28,000W　マットな質感のイエローベージュ。電子レンジ対応可 ⓙトレー21,000W　ドリンクをサーブしたり軽食を食べるのにちょうどいいサイズ感

ヘッドアクセも売り切れ続出！見つけたらマストバイ

h

g

日常に寄り添うライフスタイルショップ

depound
合井ショールーム

드파운드 합정 쇼룸／
ドゥパウンドゥ ハプチョン ショルム

☎0507-1379-3226 🏠麻浦区トンマッ路19 🕘12:00～20:00 ㊡なし 地下鉄2・6号線合井駅6番出口から徒歩約2分 dep ound_showroom

ⓕバケットハット54,000W　コーデュロイ素材はスポーティーになりすぎずとりいれやすい ⓖリボンバレッタ36,000W　サテン、ツイード、ベルベット生地を盛り込んだ大ぶりサイズ ⓗカチューシャ28,000W　サテン素材で品よくまとまる。キラリと光るロゴがアクセント

オリジナルのテキスタイルで作るファブリックは日本にもファン多し！

街でもよく見かける！kbpのロゴトート

ⓐ刺しゅうポーチ11,000W　リップやイヤホン、カードなどの小物入れに ⓑ巾着11,000W　赤ちゃんうさぎは耳が垂れているのも可愛らしい

うさぎアイテムも豊富にそろってる♡

ⓒメッシュポーチ7,500W　中に入っているものが一目瞭然で使い勝手◎。写真のように柄を透かせてもおしゃれ ⓓトートバッグ18,000W　50×50cmのビッグサイズ。買いすぎたお土産はこれに収納

TREND SHOP
4

kitty bunny pony

バッグ、ポーチ、寝具、カーテンなどの
ホーム&リビングファブリック製品を独自の
テキスタイルで展開。さまざまなブランドとのコラボも
豊富かつリーズナブルな価格が嬉しい！

ⓔソックス各12,000W　韓国初のソックス専門店「SOCKSTAZ」とのコラボ商品。さりげないおしゃれが完成

オリジナルの生地やボタンを購入できる KBP Fabrics も併設してるから、憧れのテキスタイルで DIY もできる！

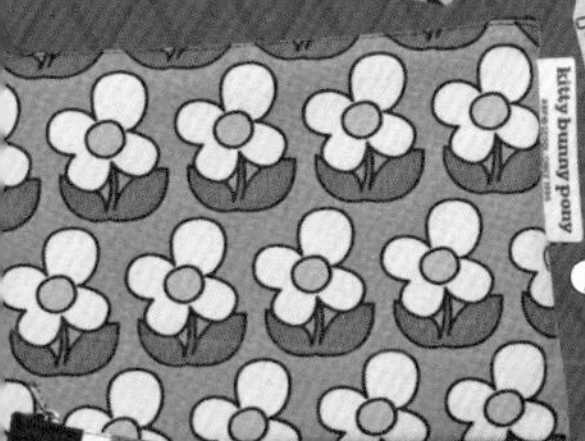

どれも可愛くて悩んじゃう〜！

ⓘポーチ（Sサイズ）6,500W、ⓙⓚポーチ（Mサイズ）各8,000W　どことなく懐かしいテキスタイルがレトロなムード

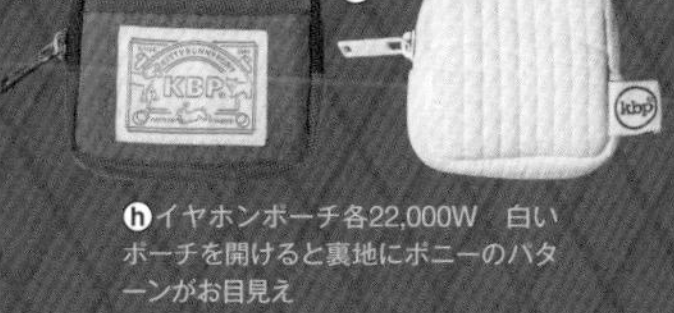

ⓗイヤホンポーチ各22,000W　白いポーチを開けると裏地にポニーのパターンがお目見え

ⓕキッチングローブ25,000W　ミニサイズでサッとつかみやすい ⓖ巾着16,000W　リズミカルなハートのテキスタイルがたまらなくキュート！

maison kitty bunny pony seoul

메종 키티버니포니 서울／メジョン キティボニポニ ソウル

☎02-322-0290 🏠麻浦区ワールドカップ路5キル33-16 🕘11:00〜19:00 ㊡月曜、祝日 地下鉄2・6号線合井駅9番出口から徒歩約5分 Ⓘkittybunnypony

日本でも人気の高いソウルのグラフィックデザインスタジオ

TREND SHOP

5

ZERO PER ZERO

オリジナルデザインの路線図で数々の賞を受賞し、
韓国はもちろん日本の企業ともコラボ多数。
曲線的で優しいタッチのイラストが心温まります。
特に犬と猫のモチーフが人気だそう！

ピンバッジやボトルなど
バラエティに富んでいます

デコったり、
日記を書くときにも活躍

b

a

ⓐグリップトック各9,000W　丈夫で外れにくく3段階に調節可。柄はなんと約40種類！ ⓑステッカー2,000W　ホログラム加工のシール。ソウルのモチーフがデザインされているので旅の思い出にも

旅のマストアイテムも
お気に入りのカバーで
オリジナリティを！

c

f

g

e

d

ⓔガラスカップ各13,900W　両面で異なるイラストが楽しめるグラスはハンドルが熱くなりにくいタイプ

ⓒパスポートケース4,000W　パスポートの代わりにノートカバーとして使ってもOK ⓓメッセージカード各2,000W　ミニサイズはちょっとしたお礼やお祝いにぴったり！

ⓕコットンポーチ17,600W　クラッチバッグサイズ。ポーチの柄ごとに変わるチャームもおしゃれ ⓖポストカード各2,200W　シルクスクリーンで刷られたポストカードは風合いが感じられる1枚 ⓗトートバッグ17,000～18,000W　パステルカラーがイラストの優しい雰囲気にマッチ

h

ZERO SPACE 望遠

제로스페이스 망원／
ジェロスペイス マンウォン

☎02-322-7561 ⌂麻浦区喜雨亭路16キル32 ⏲月～金曜／13:00～19:30、土曜／12:00～20:00、日曜／12:00～19:00 ㊡なし 地下鉄6号線望遠駅2番出口から徒歩約8分 zeroperzero

収納アイテムをアプデして
バッグの中もぬかりなく

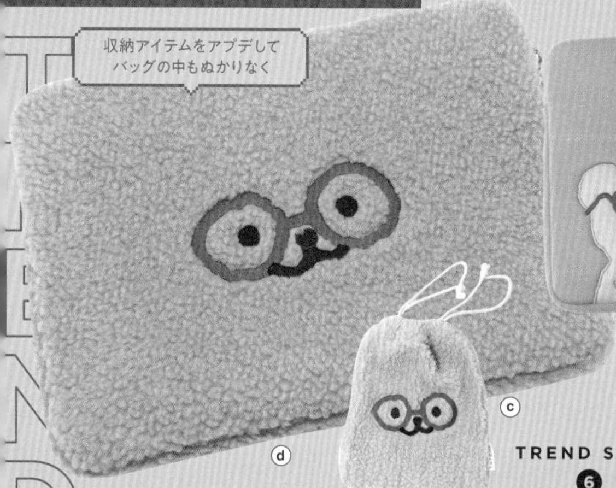

ⓑ

ⓐ

ⓐグリップトック各12,000W　シンプルなケースも秒で可愛くなること間違いなし！

＼コスメブランド「LANEIGE」ともコラボする人気っぷり♡／

ⓓ ⓒ

ⓑポーチ38,000W　タブレットがすっぽりおさまるサイズのポーチ。内側はファーで優しくカバー ⓒストリングポーチ14,000W 店頭人気No.1！　ふわふわのボア素材は毛が抜けにくい仕様 ⓓPCポーチ（13インチ用）46,000W　リモートワークにも大活躍。15インチ用（51,000W）もアリ

TREND SHOP

6

TETEUM

赤い丸めがねがトレードマークのクマ"BEBE"と
白いモコモコの犬"BONG BONG"がみんなの
ハートをわしづかみ！　カフェテットムにはお店限定の
グッズもあるので要チェックです。

ⓔ

ⓕ

ⓔマグカップ17,000W　セラミックのマグはデザイン違いのピンクもアリ ⓕグラス17,000W CAFE TETEUM店舗限定のアイテム

ⓗ

ⓗスマホケース各15,000W　種類豊富なケースから選んでBEBEやBONG BONGとごきげんな毎日を

めがねをかけたクマが大人気すぎてカフェもオープン！

／2階のカフェスペースではBEBEの氷が浮いたミルクティーやフードを堪能できます♪＼

ⓖ

ⓖステッカー各2,000W　カフェのメニューモチーフや3DめがねをかけているBEBEにほっこり

ⓘふせん4,500W　いろんな表情がギュッと詰まったふせんセット。パソコンなどに貼ってメッセージを残して

ⓘ

CAFE TETEUM

카페테틈／カペテトゥム

☎なし 🏠麻浦区東橋路36キル15 🕘12:00～20:00 ㊡月曜 地下鉄2号線・空港鉄道弘大入口駅3番出口から徒歩約6分 cafe.teteum

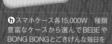

KININARU SHOP
①
étoffe

繊細な筆のタッチで描かれる絵が人気で遠方からわざわざ足を運ぶ人もいるほど。ナヨンさんが丹精込めて描いた1枚1枚からは、温度が感じられていつもより優しい気持ちになれるものばかり。

PKP's comment
韓国以外でも大人気の作家さん

「書籍の表紙やエッセーの挿絵、さらにはシドニーにあるコーヒーショップのロゴを手がけるなど、韓国内外でも大活躍の作家さんです。韓国でしか買えないグッズは貴重！」

あたたかみのあるタッチに企業からのラブコールがひっきりなし!

なかなか見ることのできない作業場にも潜入！

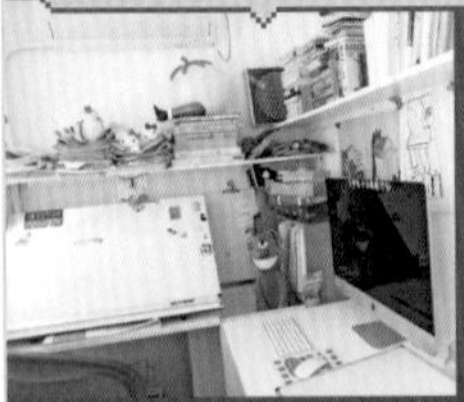

韓国の人気コスメブランド「Innisfree」ともコラボ

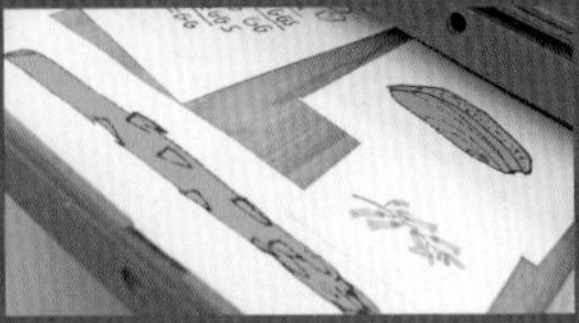

人や動物以外に食べ物や花のイラストなども。アトリエでは絵を販売しており、約500,000~2,000,000Wほど

étoffe
에토프／エトプ
☎070-7799-0613 🏠移転準備中（2023年3月現在。最新情報はInstagramにて要確認）🕘予約制(InstagramのDMにて予約) 📷une.etoffe

日本ではまだ取り扱い店舗が多くないブランドを、PKP店主の目線でピックアップ！それぞれK-POPアイドルやドラマとコラボするなど、韓国でも旬なんです。

KININARU SHOP

ⓒ

ⓑ

ⓓ

ⓐ

ハロウィン柄も可愛いすぎる！

ⓐマグカップ25,000W　人気のマグはシーズンごとに新柄も限定発売

ⓑトートバッグ20,000W　A4がすっぽり入るサイズはデイリー使いに◎ ⓒハンドタオル12,000W　タグのイラストにも注目。大判で使いやすい ⓓコーヒーバッグ(5個セット)各10,000W　キュートなのしは手土産にも喜ばれそう

ナヨンさんが経営するカフェ

Bikkie Choccy Croqui
비키 초시 크로키／ビキ チョシ クロキ
☎なし 🏠ソウル特別市恩平区加佐路9キル25-1 🕘12:00~18:00 ㊡月~木曜（2023年春頃に営業日・営業時間が変更予定のためInstagramで要確認）🚇地下鉄6号線セジョル駅2番出口から徒歩約5分 📷bikkie.choccy.croqui

♥ すぐそばだからハシゴできちゃう♡ ナヨンさんのイラストアイテムが買えるカフェ

店主2人をイメージしたカワウソだそう。似てる!

ⓗ ⓖ

ⓖバジルペースト ⓗトマトペースト各11,000W
お店のサンドイッチにも使われているペースト。ラベルにナヨンさんのイラストが

sauce for sauce
소스포소스／ソスポソス
☎02-336-2997 🏠麻浦区トンマッ路147-7 🕘10:30~17:00 ㊡火・水曜 🚇地下鉄6号線広興倉駅1番出口から徒歩約2分 📷sauce.for.sauce

カフェ ナパルコッ
카페 나팔꽃／カペ ナパルコッ
☎070-8880-7985 🏠麻浦区トンマッ路147-14 🕘10:00~18:00 ㊡月曜 🚇地下鉄6号線広興倉駅1番出口から徒歩約2分 📷lalala_morningcoffee

スリーブにも発見!

ⓕ

ⓔ

ⓔキーホルダー7,000W ⓕマグカップ11,000W　ナパルコッ＝朝顔。店名と飼い犬がモチーフのイラストはお店の至るところにも

色や形の異なるパーツを重ねたキャンドルからお気に入りを見つけて

語彙力を失うほど可愛いレイヤードキャンドル

KININARU SHOP 2

AIRSLAND

誰もがそのビジュアルに驚き「可愛い」しか言えなくなるカラーブロックキャンドルは、作家・スヨンさんの好奇心が生み出した作品。注目度大！なので、ぜひお見知りおきを。

ずらーっと並べてインテリアにしても映える！

撮影：object 西橋店

サイズによって約10,000～50,000W。溶けると色がきれいに混ざり合うので、そちらもお楽しみに

PKP's comment

あまりの可愛さに何度もホレ直します

「韓国のデザフェスでひとめぼれした作家さんです。何度アトリエに行っても毎回感動するほど可愛いので、ピックアップにいつも時間がかかってしまいます。」

運がよければオープンスタジオと旅行日程がかぶるかも！

キャンドル作りにチャレンジも可能！

撮影：object 西橋店

不定期に開催されるワークショップでは自分でパーツを組み合わせてオリジナルキャンドルを作ることもできます。ポップアップストア開催時には、そちらにスペースが設けられることも

ココでも買える！

NICESHOP → P31
object 西橋店 → P36

AIRSLAND

에어슬랜드／エオスレンドゥ

☎なし 麻浦区延南路1キル67 101 予約制（オープン日はInstagramにて告知）地下鉄2号線・空港鉄道弘大入口駅3番出口から徒歩約7分 @airsland

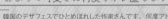

身につけるだけでセンスアップする服と小物がずらり

HALOMINIUM

할로미늄／ハロミニュム

☎070-8800-0532 🏠鍾路区紫霞門路10キル22 2階 🕘13:00～19:00 ㊡なし 地下鉄3号線景福宮駅3番出口から徒歩約6分 @halominium

PKP's comment

韓国の“今”を感じられます

「ぱっと見シンプルな服は、袖を通すと改めてラインの美しさや動きやすさに感動します。人気バンド・Silica Gelのメンバーなど、コレクションごとのモデルにも注目です。」

KININARU SHOP ③

HALOMINIUM

2013年にスタートしたファッションスタジオ。ショールームは2022年10月に満を持してオープンしました。NewJeansも衣装に取り入れるなどK-POP界からの視線もアツい！

「アジア人の体型によく合うスタイルなので、洋服もおすすめ。楽ちんなのにシルエットも可愛いとの声をいただきます」とデザイナーのユミさん

ドアマット108,000W　半円形がユニークな「SUGAR SCOOP」とのコラボ商品。モノトーンだからどんな部屋にもマッチ

サイドのあしらいやカッティングなど細部までこだわりを感じるアイテムが満載！

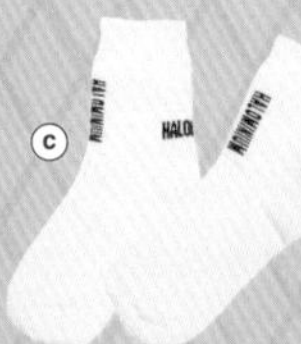

ⓐベルト35,000W　ブランドロゴのフォントで数字が描かれたベルトは長めにたらしてウエストマーク ⓑビーニー38,000W　グラフィックデザイナーWRECKの刺繍が光るニットビーニー ⓒソックス10,000W　短丈のボトムを合わせてロゴをチラ見せ

＼さりげな～いロゴの配置が絶妙！／

ⓓステッカー(5枚セット)5,000W　シルクスクリーンでプリントしたステッカー ⓔユーティリティバンド(2個セット)各6,000W　ヘアゴムとして、そでをクシュッと固定させてなど汎用性の高いバンド ⓕキーチェーン19,000W　バッグはもちろん、ベルトループにつけてもおしゃれ

＼プレゼントにもGOODな小物も充実／

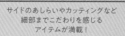

KININARU SHOP

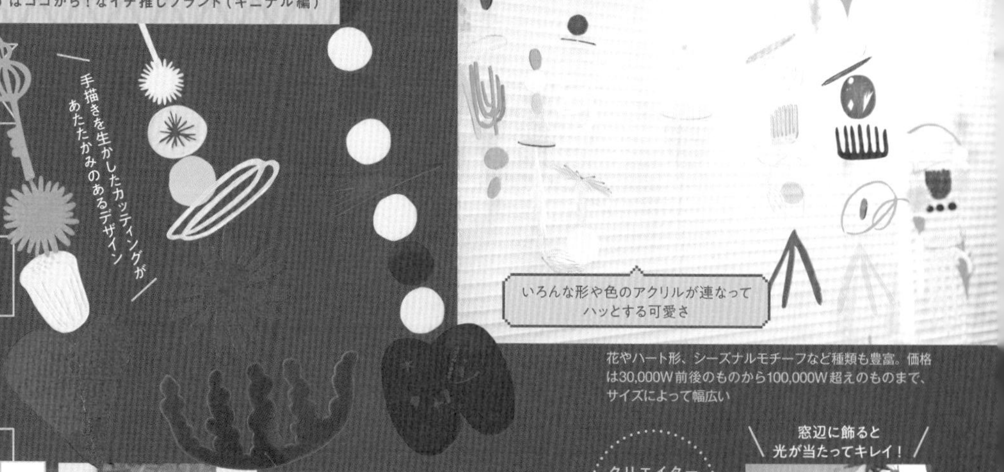

手描きを生かしたカッティングがあたたかみのあるデザイン

いろんな形や色のアクリルが連なって
ハッとする可愛さ

花やハート形、シーズナルモチーフなど種類も豊富。価格は30,000W前後のものから100,000W超えのものまで、サイズによって幅広い

クリエイター
インタビュー
P126

KININARU SHOP
4

ヨリンバラム

数あるモビールの中でも圧倒的な光を放つ
オ・シヨンさんの作品は、歌姫・IUも自宅に飾るなど
著名人からも一目置かれている存在。
ヨリンバラム（＝そよ風）をあなたの家にも。

愛犬・ハブミといっしょに制作活動に励むオ・シヨンさん。アクリル板をひとつずつ手作業でつなげて、ひとつのモビールが完成します。

窓辺に飾ると
光が当たってキレイ！

撮影：object 西橋店

お部屋に癒やしを与える
唯一無二のアクリルモビール

PKP's comment

街のあちこちで
目にします！

「ソウルに来るたびによく見かけて、ずっと素敵だなぁと思っていました。晴れた日の朝にモビールが反射した色の影がゆらゆら揺れているのを見ると幸せな気持ちになれます。」

ⓐスマホケース 各22,000W、ⓑステッカー各500W　芸術的なイラストがプリントされたシリーズ ⓒステッカー3,000W　クリアベースのステッカーはイラストごとにはがせるタイプ ⓓモビール40,000W　お部屋に咲くチューリップは絶対可愛い♡ ⓔDIYモビール 20,000W、ⓕDIYモビール 32,000W　4つのパーツを自分好みに組み立てられるキット ⓖチャーム 各4,000W　ラメ入り、クリア、マットなど質感の違いも楽しい

ヨリンバラム
여린바람／ヨリンバラム
@oh_si_young

ココで買える！
object 西橋店 → P36

mini column

韓国の"ポップアップ"文化がすごいってウワサ

韓国雑貨のブランドは実店舗を持たないところも多いので、実際に見て選びたい人にとっては少し寂しいですよね。でも韓国は、ポップアップ＝期間限定で実店舗を出店する文化がとても盛ん！　普段はWEBでしか見られない商品が、そのブランドの色に染まった空間に並ぶ最高のイベント♡　旅行日程と合ったら、ぜひ足を運んでみて。

＼韓国のポップアップ情報を発信する Instagramアカウント「ポップアップストア行こう」／

popupstorego

運営担当のキム・ウンミさん

「私たちは「SweetSpot」という、ポップアップストアのプラットフォームを運営している企業です。韓国でポップアップは、"instagrammable"＝インスタ映えする要素を十分に用意して自然に広報し、ファンを増やす手段として人気なんですよ！」

P40

one more bag

object

P36

POINT 1

雑貨屋の中にポップアップスペースがある

韓国では雑貨屋にポップアップ用のスペースが設けられていたり、期間限定で売り場のレイアウトを変えてポップアップが開催されているのをよく見かけます。小規模のものだと、カフェや書店の一角で行っていることも！

エスターバニー

ROLAROLA

@popupstorego

／「ポップアップストア行こう」のアカウントで紹介されていた「ザ・現代 ソウル」のポップアップ＼

POINT 3

アイドル×スイーツのポップアップも！

STAYC×DINGA CAKE

NewJeans×NUDAKE

@woshi.uka

K-POPアイドルのポップアップ自体は以前から多くありましたが、最近では人気のケーキ屋と大々的にコラボするなど、より"ファン以外の層"にも届く施策が行われています。これこそ、ポップアップならではの利点！

POINT 2

ポップアップに注力する「ザ・現代 ソウル」が誕生！

2021年2月、汝矣島にオープンした現代百貨店。既存の百貨店とは違い、広大なポップアップスペースで差別化を図っています。Instagramで「#더현대」と検索すると、ポップアップを楽しむ人たちの投稿がたくさん！

KOREA GOODS GUIDE BOOK

CHAPTER 02

ハシゴして大満足！ …

今HOTな激戦区で
雑貨屋ツアーしたい

ここ数年で名だたるブランドが続々と進出している聖水、
定番の人気観光スポットとなった延南洞～延禧洞、
新旧が混在する“ニュートロ”な街・乙支路。地域ごとに
異なる魅力が詰まった雑貨屋をハシゴして、“雑貨充”な旅に♡

3階は学校のように、各ブランドが入居する小さな部屋が連なる
©SJ GROUP

SEONGSU SHOP ❶

LCDC SEOUL

“LE CONTE DES CONTES”＝「物語の中の物語」というコンセプトで、短篇集のように個性豊かなお店が集まっている空間。買い物だけでなく、体験そのものを楽しんで！

高感度なブランドがギュッと詰まった複合施設

今、続々と有名ブランドが進出しているのが聖水。コロナ禍以降にオープンしたばかりにもかかわらず、常にお客さんが絶えない新店舗をピックアップ！

ⓕ ⓖ ⓗ

306 select mauer

日々使うお皿やマグなどのヴィンテージ食器を扱うセレクトショップ。店内ディスプレイには温もりとこだわりを感じます。

ⓒ ⓑ
お香は韓国内の伝統的な工房とコラボしたもの

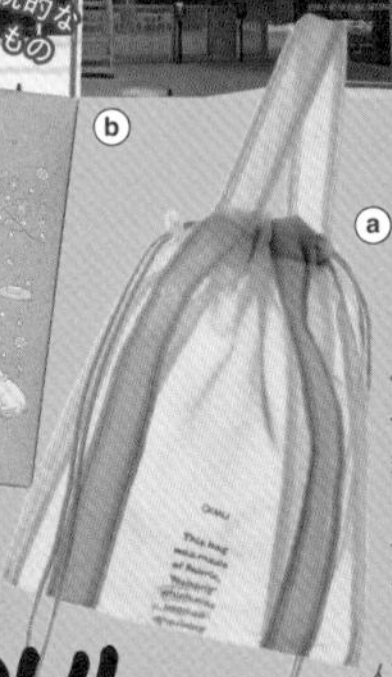
ⓐ

305 OIMU

“過去と現在の価値をつなぐ”をテーマに、多様なアイテムを発表しているライフスタイルブランド＆デザインスタジオ。

ⓓ
ページの角にはめるタイプのしおりが便利！

ⓘ
ほっこり系の質感＆カラーが人気のマグカップ

ⓔ

ⓐミニバッグ23,000W　韓国伝統のシルクオーガンジー「ノバン」を使ったバッグ ⓑ四季のお香各24,000W　伝統香房とコラボして作られた“四季”がテーマのお香。春は花と白檀、夏は夕立を浴びた草木と白檀の香り ⓒお香16,000W　ヘーゼルナッツの香り ⓓブックマーク各6,000W　季節ごとの刺繍デザインが上品 ⓔカード（5枚セット）12,000W　OIMUの人気商品「色の名前」がカードに！ ⓕクラシックプレート45,000W、ⓖレモンプレート68,000W、ⓗチェックプレート55,000W　ヴィンテージプレートは入荷数も少ないので一期一会 ⓘマグカップ各65,000W　入荷のたびに即売り切れのアイテム。底が四角形のフォルムが可愛い

レトロだけど新しい そんな商品に出会える

「昔からある伝統的な商品やモチーフを、パステルカラーや現代的なデザインに再構築。どこか懐かしいけど見たことのない、新しい印象の商品たちとの出会いにワクワクします。」

select mauer

OIMU

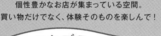

手紙を1通書いたら誰かの手紙を受け取れる、ペンパルサービスにワクワク

手紙を書きたくなる
スタイリッシュなレターセットの数々

m

302
geulwoll

手紙に関するアイテムやサービスを提供しており、感覚的かつ叙情的なデザインが"手紙離れ"している若者にも人気だそう！

k

j

l

ちょっとしたお金を渡すときに使える封筒&一筆箋

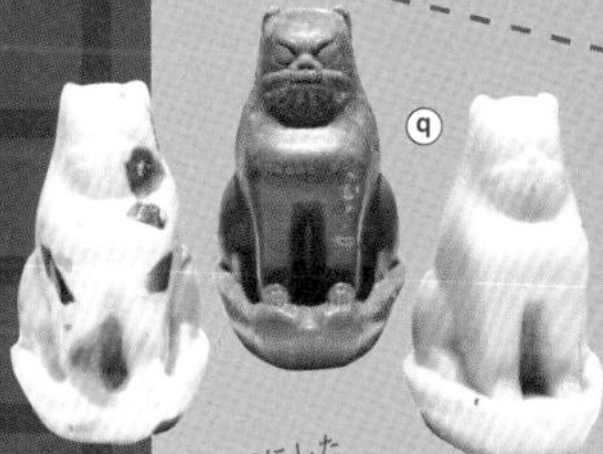
q

p

304
hanahzo

"PAUSE YOUR LIFE"のスローガンを掲げ、カラフルな石けんをはじめとした環境や肌に優しいライフスタイルグッズを展開。

o

n

人工大理石をモチーフにした"Terrazzo"シリーズのギフト

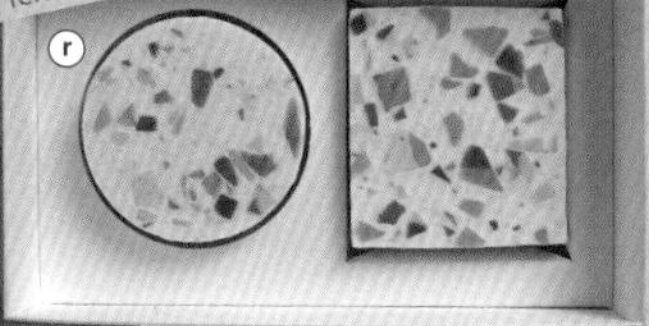
r

あずき、ニンジンなど自然由来の石けんは肌に優しい！

LCDC SEOUL

엘씨디씨서울／エルシディシソウル

☎02-3409-5975 城東区練武場17キル10 1階(カフェ)／11:00~21:00、2・3階／11:00~20:00(※ブランドごとに異なる)、4階(バー)11:30~24:00 ㊡月曜(※3階の一部ブランドのみ) 地下鉄2号線聖水駅3番出口から徒歩約8分 lcdc.seoul

ⓙ赤レターセット9,000W　クラシックな印象の赤が際立つシンプルなレターセット ⓚグレーレターセット13,500W　ブランドモチーフでもある"幸せを運ぶツバメ"のワンポイントとステッカーが可愛い ⓛマネー封筒(一筆箋つき)6,500W　お祝いやお礼など丁寧に伝えたいメッセージを込めて ⓜフラワーカード(封筒つき)各4,500W　半透明の封筒から花柄が透けるのが素敵 ⓝチップス石けん各7,000W　持ち歩きやすいチップス状の石けんは、アウトドアなどの場面でも◎ ⓞあずき石けん11,500W、ⓟにんじん石けん12,500W　原材料をイメージした形もユニーク ⓠライオン像石けん各27,000W 慶州の佛國寺内・多宝塔にあるライオン像がモチーフ ⓡギフトセット21,000W　同じ模様がないから特別感♡

パーティーケーキ石けん21,000W　テイクアウトBOXまで本物のケーキみたい

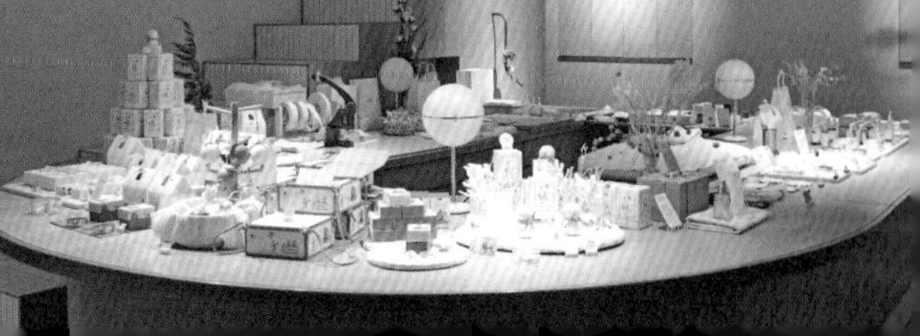

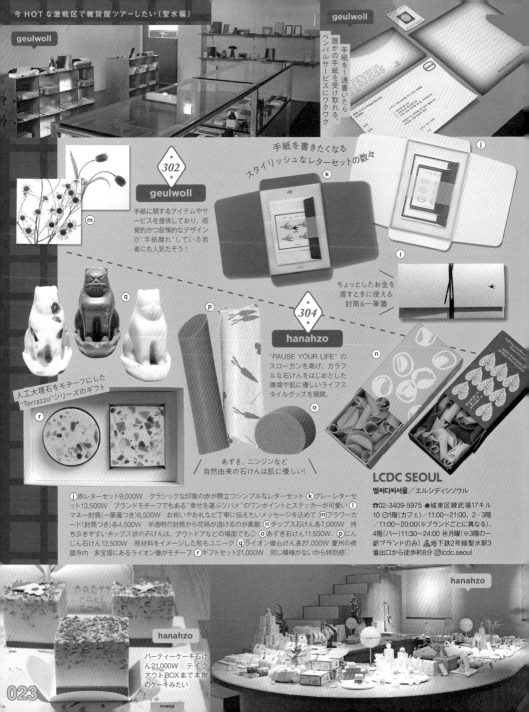

左側にグッズコーナー、右側にはイートインできるカフェスペースが

あの超人気ブランドがカフェ併設のショップにリニューアル

e

d

a

b

NEONMOONといえば！な“Sleepy Teddy”もあります

f

SEONGSU SHOP

2

The NEONMOON

クリエイターインタビュー P124

日本で韓国雑貨がメジャーになる以前から知っている人も多かった、超人気ブランド。2022年に店舗を弘大から聖水へ移転し、原点となるアメリカンヴィンテージショップとして再スタートしました。

g

h

レトロ感あふれる雑貨にメロメロ♡

リボンやカールをつけて自分流におめかし！

c

PKP's comment

全ての始まりは
NEONMOONでした

「延南洞に店舗があった時代から大好きで、私が韓国雑貨に興味を持つきっかけとなったお店。ソソちゃんとヨンジュ君が作る世界観やセンスは、ずっと私の憧れで目標です！」

The NEONMOON

더네온문／ドネオンムン

☎070-8648-0203 🏠城東区クァンナル路4キル 4-1 ⏲13:00～20:00 ㊡火・水曜 地下鉄2号線聖水駅1番出口から徒歩約9分 @neonmoon_official

ⓐ“Sleepy Teddy”25,000W、ⓑ“Sleepy Baby Teddy”12,000W　ちょっと眠そうなお顔が愛らしい、NEONMOONのオリジナルキャラクター。今はもう新しいグッズは作られていないので貴重かも？ ⓒ“Dusty”シリーズ19,900W～26,900W　毛足が長く、ヘアアレンジができちゃうマスコット。カスタムが苦手な人は最初からヘアカールをつけているバージョンをGETして♪　ⓓライター2,000W　ⓔマグカップ15,000W ⓕエコバッグ27,000W　韓国でも袋をもらえないお店は多いので常備しておくと安心。大きいサイズ(32,000W)もアリ ⓖコインケース12,000W　デニム生地とちょいハードめなロゴがクール ⓗ巾着10,000W　大きいサイズ(14,000W)もアリ

内装はオーナー夫婦の手作りというこだわりっぷり

店舗は聖水駅の目の前という好立地！

色を選べるカラーペンDIY

完成！

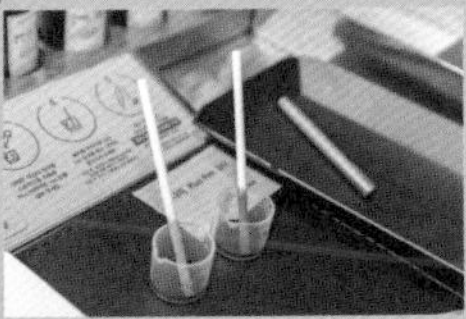

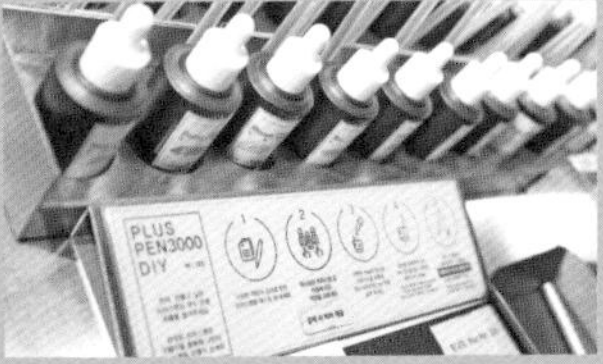

インクを選んで少量出し、その中に芯のパーツを浸します。下からジワジワと染み込んでいく様子が見てて楽しい！　あとはパーツを組み立てるだけであっという間に完成。1本1000W

SEONGSU SHOP
3

monami

「パーソナライズされた消費」に熱狂するMZ世代に向けたDIYサービスが充実しており、店全体がまさに“体験特化型空間”。店内の雰囲気も近未来的で、いい意味で文具店感がない！

韓国を代表する老舗文具ブランドのDIYができる新店舗

シーズン限定のペンセットが毎回可愛すぎる

バレンタイン限定ペンセット（5本入り）10,000W　季節ごとに期間限定デザインが出るので要チェック！

パーツと色を選べるカラーボールペンDIY

完成！

1本500W。ペン尻、ボディ、ペン先、インクの色を選んで組み立てるだけ。でも細かいパーツが多いのと、工程が前後すると上手くはまらなかったりするので、慎重に作業して！

4つのパーツを選べてパターンは無限大！

monami 聖水店

모나미스토어 성수점／
モナミストオ ソンスジョム

☎02-466-5373 🏠城東区峨嵯山路104 🕙10:00～21:00 ㊡なし 地下鉄2号線聖水駅4番出口から徒歩約1分 ⓘmonami_official

monamiのペンが買える自販機!?

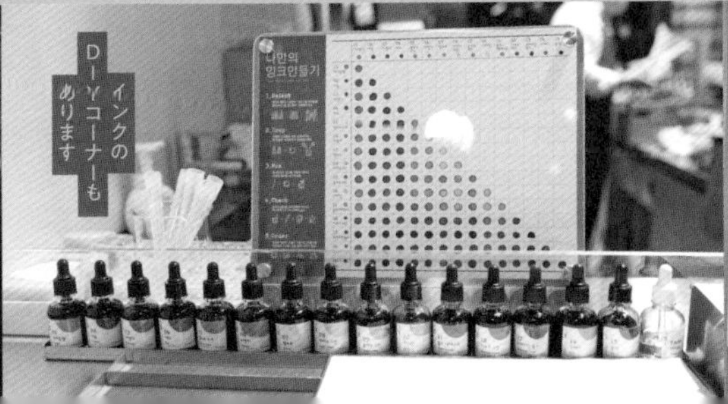

インクのDIYコーナーもあります

約5年前から話題になり始め、今ではガイドブックでも定番となったエリア。話題の新店舗&定番の人気店をピックアップします!

色とりどりのワッペンがびっしりと並ぶ光景を見ているだけでも楽しい

どれも可愛すぎて大人買い不可避♡

ⓐワッペン各1,500~3,000W 大きさによって値段もさまざま。ポテトとハンバーガーなどセット使いを考えるのも楽しい

YEONNAM&YEONHUI SHOP

①

object sangga

2022年春頃にobject 西橋店(P36)でポップアップを開催して大好評だったlimpalimpa×pyobyobyoのワッペンDIYが常設店になって帰ってきた！　可愛すぎるワッペンに囲まれてテンションUP必至の注目店です。

約180種類のワッペンから思いのままにDIYできる

時間が足りなければ
お持ち帰りもアリ！

「ポップアップのときから行きたかったのでお店ができて嬉しいです！　私は営業時間内に選びきれず、とりあえず欲しいワッペンを全部お買い上げして帰国してからセルフでつけました(笑)。」

ワッペンを重ねるのが
上級テクニック!

ⓓ

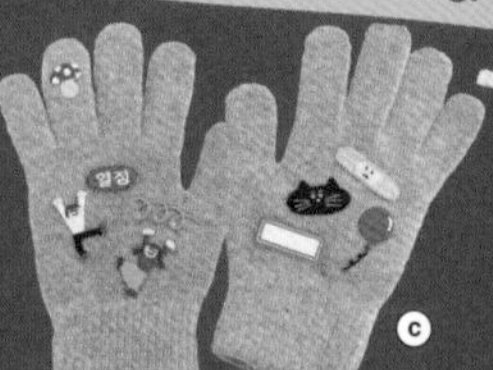

ⓒ

ⓑ

店員さんがその場でつけてくれます

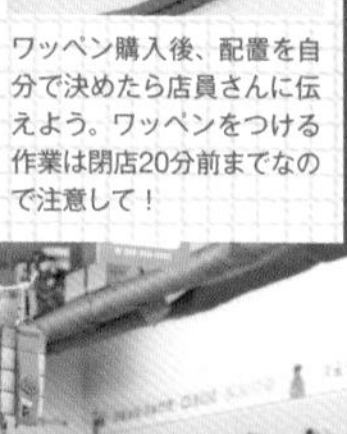

ワッペン購入後、配置を自分で決めたら店員さんに伝えよう。ワッペンをつける作業は閉店20分前までなので注意して！

object sangga
옵-젵 상가／オブジェッサンガ

☎02-323-7778 ⌂西大門区延禧マッ路23 サロガショッピングセンター2階 7号 ⏲11:00~20:00 ㊡なし 地下鉄2号線・空港鉄道弘大入口駅3番出口から徒歩約20分 @object_sangga

ⓑ巾着7,500W　右下の大きなワッペンはアイロンでつけられないタイプ。平日16時以降、休日13時以降に可能なミシンサービスを利用して ⓒ手袋12,000W　カラバリは20色以上、子ども用や指なしタイプも ⓓトートバッグ20,000W　※すべてワッペンの価格は含まない

店内ディスプレイのワッペンDIY術も参考になります♪

手紙を書くためのステーショナリーもそろってます

約3,200枚の多彩なポストカードが並ぶ“はがき図書館”

f Ark room

e

刺しゅうデザインは特別な贈り物に添えて

b BOMSAMUSO

a アン・ヨンフン

好きな作家さんのものを集めたくなる！

c ALLRITE

YEONNAM&YEONHUI SHOP

2

POSET

P26同様、object系列の新ブランドで
ポストカードがずらっと並ぶ景色は壮観。
店内の静寂と穏やかな雰囲気が心地よく
その場で手紙を書ける机もあるので
つい長居してしまいそう！

h limpa limpa

封筒&便せんのミニレターセットも！

g makitoi

d paperweight

躍動感あふれるバースデーカードはいかが？

ⓐパリのイラストポストカード1,500W　肩幅広めな人物画が印象的な作家 ⓑおばあちゃんのイラストポストカード1,500W　ほっこり系おばあちゃんを描く作家で、済州島に作業室兼グッズショップを構える ⓒ風景フォトポストカード各1,500W　POSETでも特に人気が高いブランド ⓓ2つ折りメッセージカード各5,500W　封筒つきなので大切な人へのメッセージにも ⓔ丸形刺しゅうカード7,300W、ⓕ刺しゅうカード8,200W　目上の人に向けた手紙など、かしこまった場面でも活躍しそう ⓖお花のイラストポストカード各1,500W　ビビッドなお花は手帳に挟んで持ち歩きたくなる ⓗミニレターセット2,200W　一言添えたいときにちょうどいいサイズ感

POSET 延禧店

포셋 연희점／ポセッ ヨニジョム

☎0507-1329-7427 西大門区繒加路18 3階 305号 12:00～20:00
㊡月曜 地下鉄2号線・空港鉄道弘大入口駅3番出口から徒歩約27分
poset.official

手紙や日記、本などの思い出を預けておける“記録保管所”サービス

ヴィンテージショップの中では珍しい広々とした店内

ヴィンテージ品&作家さんの雑貨あふれる空間は、もはや住みたい♡

YEONNAM&YEONHUI SHOP
3

Bigsleep

トレンド通の韓国ラバーが足しげく通う
食器からファブリックまで守備範囲広めな
セレクト雑貨&ヴィンテージショップ。
オープン日は毎週インスタで告知される
システムなので、旅行に被ったらラッキー♡

Yes Ceramic

e

d c

ぴよ～んとした持ち手が可愛い"Ugle Mug"

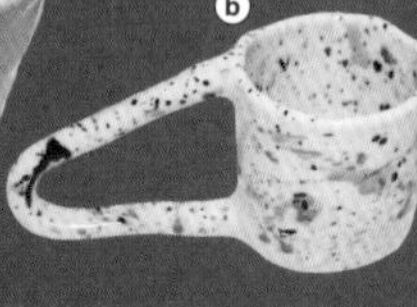
b

Oth,

a

透け感のあるファブリックポスターは使い道いろいろ

Yin and Yang

お気に入りアクセをディスプレイっぽく収納

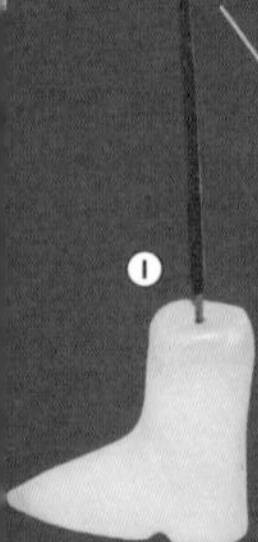
l

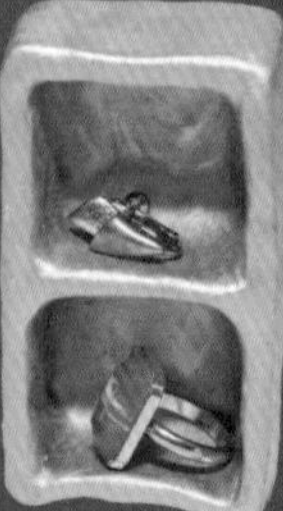
k

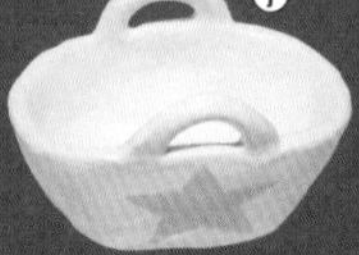
j

2299b1

g

リップ形の小物入れはインテリアのアクセントに

i

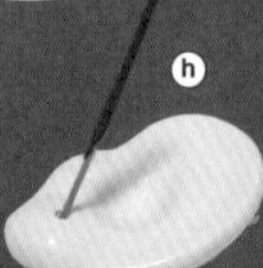
h

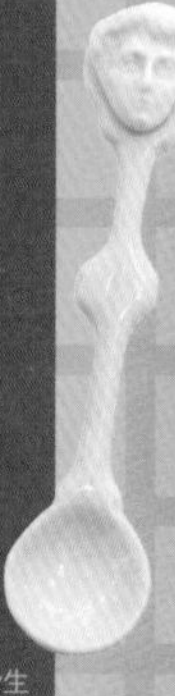
f

Bigsleep

빅슬립／ビクスリブ

☎010-6833-4149 西大門区城山路379 左側2階 Instagramで告知された日のみ営業 地下鉄2号線・空港鉄道弘大入口駅3番出口から徒歩約13分 bigsleep_shop

ⓐファブリックポスター各62,000W　ブランドディレクターが撮影した海や漢江をプリントしたシフォン生地のファブリック。サイズは135×230cmなのでカーテンにも◎ ⓑマグカップ55,000W、ⓒマグカップ50,000W、ⓓマグカップ58,000W、ⓔカップ40,000W　最近では日本の商業施設でも見かけることがあるほど注目のブランド「Yes Ceramic」ⓕスプーン18,000W、ⓖマグカップ40,000W、ⓗお香立て20,000W、ⓘ小物入れ55,000W　体のパーツをモチーフにしたセラミック雑貨は、人と違うものを持ちたいタイプにはたまらない！ ⓙミニバスケット29,000W、ⓚミニシェルフ29,000W、ⓛお香立て15,000W　アパレルブランドならではの視点でユニークな雑貨も取りそろえる

ヴィンテージのランプやグラスもたくさんあって迷っちゃう～!

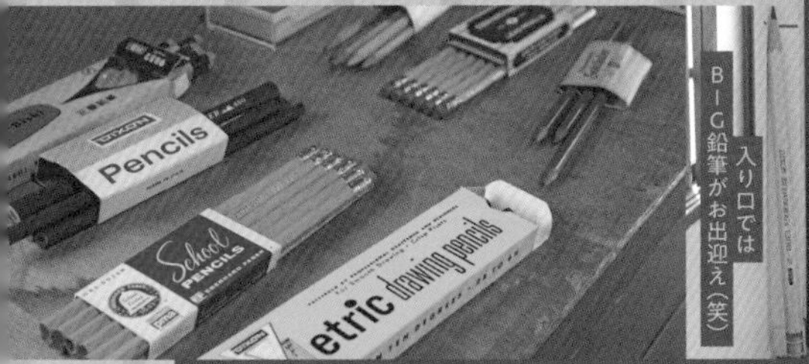

入り口ではBIG鉛筆がお出迎え（笑）

YEONNAM&YEONHUI SHOP

4

BLACK HEART

世界各国から集めたヴィンテージ鉛筆やオリジナル鉛筆、ステーショナリーなどを扱うお店。久々に鉛筆で書いてみると、懐かしい感触に意外とハマっちゃうかも！

まるでタイムスリップした気分！ヴィンテージ鉛筆の専門店

鉛筆とセットで買いたいMILANの文具も♡

d

e

a

“HAPPY BIRTHDAY”の刻印入りオリジナル鉛筆

トンボ鉛筆など日本ブランドのヴィンテージ鉛筆も多いんです！

b

f

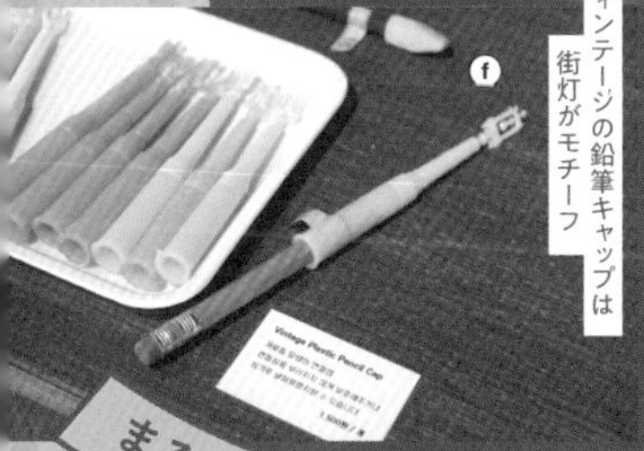

ヴィンテージの鉛筆キャップは街灯がモチーフ

c

h

g

ⓐミニ鉛筆セット6,500W　パッケージ含めて可愛すぎるオリジナルの鉛筆セットは、一風変わった韓国土産にも最適 ⓑトンボのヴィンテージ鉛筆3,500W　1970～80年代に生産されたシリーズだそう ⓒチェリーヨットのヴィンテージ鉛筆4,000W　既にメーカー自体が無くなっているレア度が高い鉛筆も！ ⓓ消しゴム各800W　本モチーフの消しゴムは角があるから消しやすい ⓔ鉛筆削り各3,500W　2サイズの削り穴があるので太めの鉛筆も削れる ⓕ鉛筆キャップ各1,500W　ニューヨークやロンドンなど各国の街灯の形を再現 ⓖ三菱のヴィンテージ鉛筆4,000W　1970～80年代の日本製ヴィンテージ鉛筆 ⓗEberhard Faberのヴィンテージ鉛筆6,000W　海外メーカーのものはデザインからわかりやすい。これはアメリカ製

BLACK HEART

작은연필가게 흑심／
チャグンヨンピルカゲ フクシム

☎070-4799-0923 麻浦区延禧路47 3階 301号 火～金曜／13:00～20:00、土・日曜／13:00～19:00 休月曜 地下鉄2号線・空港鉄道弘大入口駅3番出口から徒歩約8分 blackheart_pencil

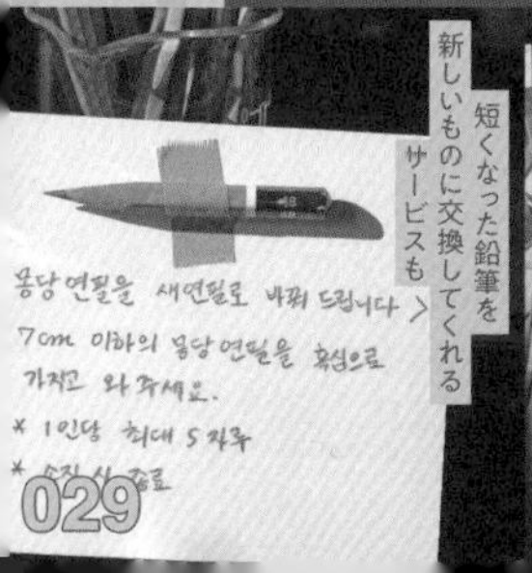

短くなった鉛筆を新しいものに交換してくれるサービスも

昔ながらの街並みと若いアーティストが共存し、〝ヒップジロ〟（ヒップ＋乙支路）とも呼ばれるエリア。秘密基地のようなお店で一点モノ探し！

絵柄は早い者勝ち！

世界に1つしかないゆるかわ陶器にキュンが止まらない

ワークショップ ⇒P114

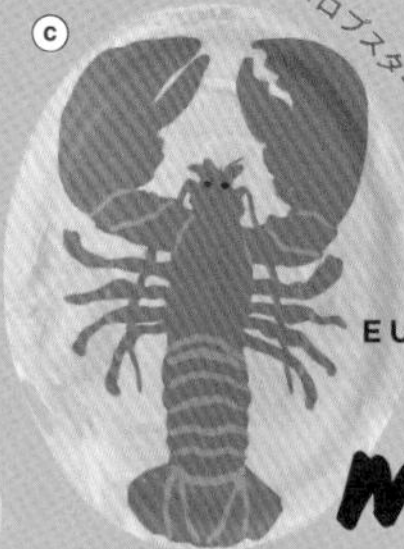
c

マーブル×ロブスターが絶妙！

b

a

d

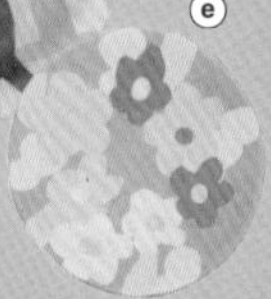
e

EULJIRO SHOP
1

mwm

スジさんが生み出すオンリーワンの陶器と
昼はコーヒー、夜はワインが楽しめる
アトリエ兼カフェ。陶器作りを体験できる
ワークショップは大人気なので要予約です。

h

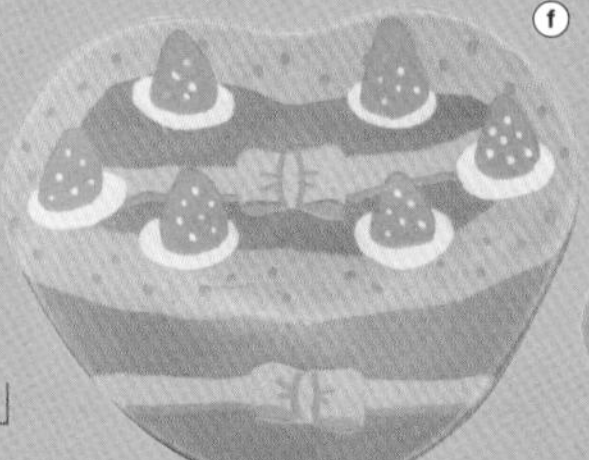
f

g

PKP's comment

可愛いだけじゃなく
日常使いしやすい

「マットな質感のカラフルな陶器は割れにくく電子レンジや食洗機もOKなので、デイリー使いしやすい！　いつもの料理やデザートが、もっとおいしく感じられます。」

mwm

엠더블유엠／エムドブリュエム

☎010-2155-0014 🏠中区水標路35-1 4階 ⏲水～金曜／12:00～20:00、土・日曜／14:00～20:00 ㊡月・火曜 地下鉄2・3号線乙支路3街駅11番出口から徒歩約3分 @mwm_seoul

ⓐサンタ皿23,000W、ⓑおうち皿32,000W　シーズナルものも充実。春はサクラ柄の予定とか ⓒロブスター皿90,000W　パーティー料理にぴったりの大判サイズ ⓓ野菜皿90,000W　これなら野菜嫌いも直りそう!? ⓔフラワー皿23,000W　みんなに好まれる花柄はプレゼントにも最適！ ⓕケーキ皿32,000W　誕生日に思わず使いたくなるチョコケーキ柄 ⓖクママグカップ45,000W　思わず笑みがこぼれるおとぼけ顔がキュート ⓗナス皿50,000W　ゆる～いナス柄になぜか惹かれます

お皿やボウルにはお菓子やアクセを入れて使っても可愛い♡

併設されたカフェではオリジナルの陶器でスイーツが楽しめます！

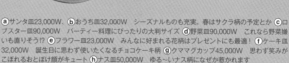

こじんまりとした隠れ家っぽいお店

frond
ⓓ

ggoumoul
入荷したらすぐ売り切れる人気アイテム
ⓐ

片手で楽に本を読めちゃう

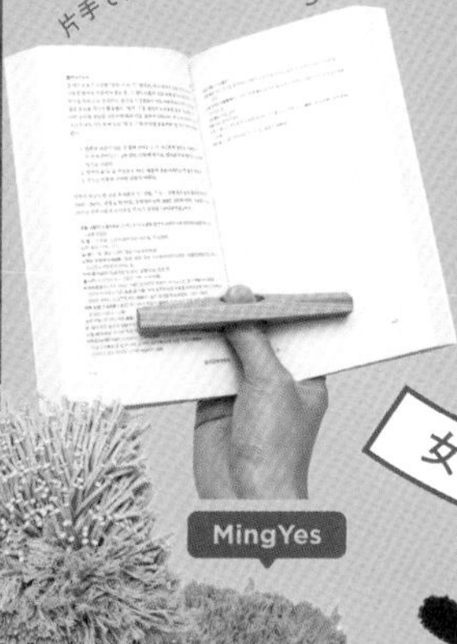

EULJIRO SHOP
❷

NICESHOP

デザインスタジオ「NICEPRESS」が運営する、“女性作家を紹介するプラットフォーム”がコンセプトのセレクトショップ。作り手のこだわりを感じる雑貨にハマること間違いなし！

THE WILD
ⓑ

女性作家さんによる注目ブランドが大集合！

ⓒ

MingYes
ⓕ

dusim
みんな違う表情だから迷っちゃう！
ⓔ

ⓐイモ虫のリストクッション28,000W　球が2連のデザイン以外に、3連・5連バージョンも ⓑコインケース31,000W、ⓒポーチ37,000W　ベルベット生地にクラシックな刺しゅうがマッチ！ ⓓブックホルダー21,000W　ウッド製だからバッグINしてもオシャレ ⓔミニマスコット各18,000W　デスク周りに並べて置いて癒やされたい♡ ⓕファブリックオブジェ各152,000W　超ミニサイズのラグはインテリアに

NICESHOP

나이스숍／ナイスショプ

☎02-2261-4015 🏠中区乙支路99-1 301号 🕘13:00～19:00 ㊡日～水曜 地下鉄2・3号線乙支路3街駅1番出口から徒歩約1分 hi_niceshop

P17のAIRSLANDも取り扱いアリ！

セラミックのマグネットは複数買いしたくなる可愛さ

週末限定！写真家&セラミストのセンスが光る隠れ家ショップ

ⓒ

ⓑ

ⓐ

”なくした靴”がコンセプトのお香立て

EULJIRO SHOP

3

tree likes warter

韓国の有名ファッション雑誌などで数多くの誌面を手がけ、アーティストと親交も深い写真家と、陶器ブランド「HairyBirdbox」のセラミストによる、おしゃれ人が集まる空間です。

ⓗ

Zion.Tのミクステがもらえるかも!?

ⓖ

ⓕ

ⓔ

ⓓ

(右)写真家のイ・グノさん、(左)セラミストのヤン・ホンジョさんと愛犬レモン。店内を見ながら、ぜひお二人との会話も楽しんでほしい

tree likes warter

트리라이크스워터／トゥリライクスウォト

☎010-9005-8398 🏠中区忠武路4キル21 2階 🕒12:00～18:00 ㊡月～金曜 地下鉄2・3号線乙支路3街駅8番出口から徒歩約2分 treelikeswater

ⓐお香立て34,000～51,000W　1つずつデザインが異なる「ロストシューズ」シリーズ ⓑマグカップ16,000W 看板にもなっているTLWのイラストマグ ⓒ冊子10,000W～　アーティストやモデル、デザイナーなどを取り上げたグノさん作成の小冊子 ⓓカトラリー各18,000W　よ～く見るとお店のロゴが総柄になっていてニクい！ ⓔフラワーベース90,000W　置くだけでセンスアップするビジュアル ⓕフラワーベース130,000W　モコモコの突起とフォルムがユニーク！ ⓖレコードスタビライザー90,000W　レコードをプレイヤーに固定するためのアクセサリー ⓗZion.Tとplastic kidが共作した「猫が好きな音楽10選」。数量限定で50,000W以上の購入者への特典

グノさんの写真がパズルに！センスのいい方へのプレゼントにも

カフェスペースでくつろぎながら空間を楽しめる作りに

ⓑ

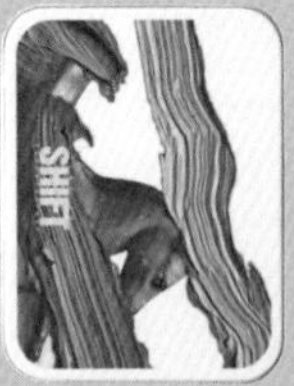

ⓐ

どれも良すぎて選べない!!

EULJIRO SHOP

④

Art x Shift

もともと印刷所だった空間全体を利用し、1年ごとにリニューアルして新たなアートを魅せる夫婦のギャラリーカフェ。この青い店内も2023年夏頃にはリニューアルする予定！

ⓒ

こんなの見たことない！ってくらいおしゃれすぎる～

1年ごとに展示を変えシフトしていく作家夫婦のアートスペース

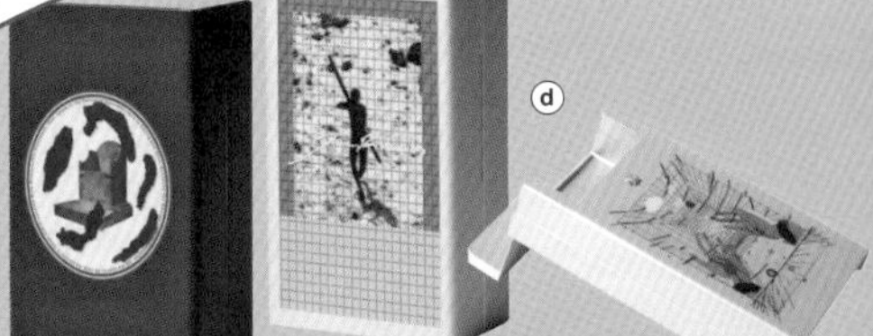

ⓓ

第2弾の青い内装は（左）ザカリー・ロバーツさんが企画し、第1弾のカラフル×ポップな内装は（右）チョン・アヨンさんが企画したそう

ⓐ缶ケース（ステッカーつき）各10,000W　50種類以上あってデザインの幅も広いので、時間をかけてお気に入りをチョイスして ⓑマスキングテープ4,500W　ハイセンスなマステは使うだけで一目置かれそう！ ⓒボトルオープナー各12,000W　感度の高い人にぴったりの前衛的なデザイン。幅をとらないのでお土産としてもオススメ ⓓスライドケース（ステッカーつき）各18,000W　表面を下にスライドさせて開けるデザイン。カードケースにも◎

Art × Shift

아트쉬프트／アトゥスィプトゥ

☎0507-1323-4823 🏠中区忠武路54-17 5階 🕘11:00～21:00 ㊡日曜 地下鉄2・3号線乙支路3街駅7番出口から徒歩約2分 artxshift

店内の雰囲気がガラッと変わるので何度でも来たくなる！

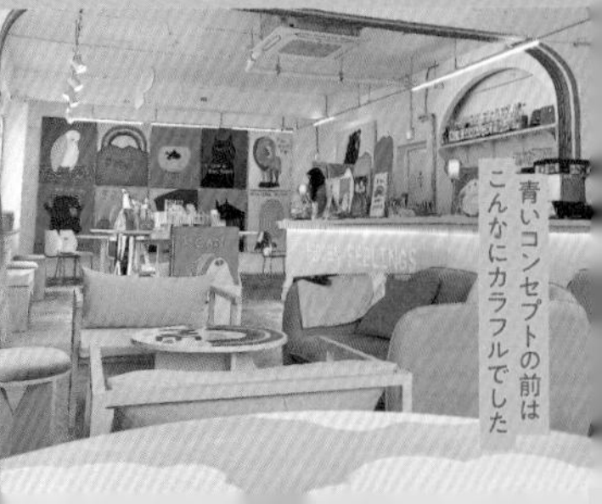

青いコンセプトの前はこんなにカラフルでした

大田EXPOのマスコットキャラクター “クムドリ”って何者？

1993年に開催された「大田国際博覧会」（大田EXPO）のマスコットキャラクターとして生まれた、黄色い宇宙人の男の子“クムドリ”。今でもコレクターが多く、取材で訪れたヴィンテージショップにも当時のグッズが並んでいました。EXPO開催30周年を迎え、大田の新世界百貨店にショップができるなど、新たな展開を迎えています。

大田エキスポ科学公園のクムドリ＆クムスニ

©大田観光公社

PKP's comment

可愛い子を見かけると
つい買ってしまいます

「大田出身のアイドルやミュージシャンの子供の頃の写真に、必ずといっていいほど写っている黄色い子が気になって調べてみたのが出会いでした。現在も新しいグッズが出ているので、ヴィンテージグッズと一緒に集めています♪」

大田では、道路やマンホールなど至るところでクムドリを見つけることができます。K-POPに合わせて豪快に水が噴き出す大田エキスポ科学公園の音楽噴水も必見！（※4〜10月限定）

natsuyo's クムドリ COLLECTION

超BIGサイズ！のぬいぐるみ

エキスポ当時のグッズは
韓国のヴィンテージショップで
買ったりして集めてます

自宅にもこんなにたくさん
クムドリグッズが…（笑）

KKULJAEMDOSH 大田広報館

꿀잼도시 대전홍보관 ／
クルチェムドシ テジョンホンボグァン

☎042-607-8707 🏠大田広域市儒城区エキスポ路17 大田新世界Art&Science7階 🕘月〜木曜／10:30〜20:00、金〜日曜／10:30〜20:30 ㉁なし 大田1号線政府庁舎駅3番出口からバス約7分 @daejeonpromotionhall_official

KOREA GOODS GUIDE BOOK

CHAPTER 03

欲張りなあなたへ

セレクトショップ&大型店は 雑貨天国です

まだお気に入りの雑貨ブランドが定まっていなかったり、
旅行の日程がタイトであちこち回る時間がない人は
一気にいろんなブランドの雑貨を見られるお店がベスト。
まずは近くのセレクトショップ&大型店から攻めてみて！

「韓国雑貨ブランドをあまり知らない」という人におすすめなのは、セレクトショップ。一度にいろんなブランドをチェックできる！

✧✧✧ 韓国雑貨ファンなら一度は行っておきたい、まさに聖地

約150以上のブランドが入店しており、その品数はなんと3,000点以上。大型店ながら個人作家のブランドを中心に扱っているのが特徴で、ここに来れば最旬情報が手に入る！

SELECT SHOP 1

object

ビル1棟が、まるっと雑貨屋！
4フロアに雑貨がぎっしり

ポップアップものぞいてみて

「半地下フロアにあるポップアップスペースでは、数か月単位でさまざまな展示が開催されています。知らなかったアーティストの作品と出会うチャンスですよ！」

INAPSQUARE×no plastic sundayの
コラボアイテムでキーチェーンDIY

取材時にはちょうどP17のAIRSLANDがポップアップ開催中でした

Object 西橋店

오브젝트 서교점／オブジェクトゥ ソギョジョム

☎02-3144-7738 🏠臥牛山路35キル13 🕐12:00～21:00 ㊡なし 🚉地下鉄2号線・空港鉄道弘大入口駅7番出口から徒歩約4分 ◎insideobject

INAPSQUARE

ゆるっとした線画で描かれる脱力系のキャラクターたちが、なんともクセになる！

オリジナルキャラの"SOSO"

この引き出し全部ステッカー！

ⓐステッカー(5枚)2,000W～ 100種類以上から選んで購入。まとめ買いがお得

ⓑマグカップ12,000W　たっぷり注げる大きめサイズ。同シリーズのマグと上下に重ねられるのが嬉しい ⓒキーチェーン4,500W ⓓSOSO ホビーブック6,500W　特に良いことも悪いこともない、そんなSOSO FAMILYの趣味を描いたイラストブック ⓔマウスパッド5,000W　仕事中に見たら息抜きできそう(笑)

pyobyobyo

シンプルと個性が両立する、布を重ねたデザインが魅力的なファブリックブランド。

ボア生地やワッペンのレイヤードがセンス◎

ⓙ

ⓚ
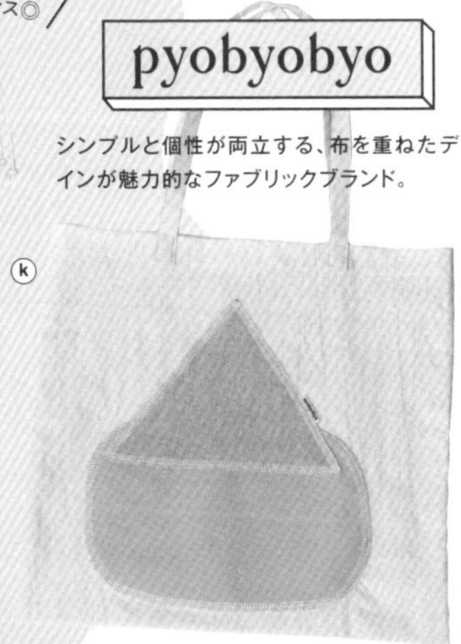

ⓙショルダーバッグ56,000W　ワッペンが主役のデザイン。口が閉まるから安心 ⓚトートバッグ39,000W　作家さんの手作業なので同じデザインは二度と出会えないかも?

ⓛ

ⓛポーチ32,000W　コンパクトながらしっかり収納。持ち手も嬉しい!

ⓜミニトートバッグ12,000W　単行本が1冊入るくらいのサイズ。ちょっとそこまでのお買い物バッグに ⓝ巾着バッグ20,000W　ポーチとしてもバッグとしても活躍

Objectオリジナルのハイセンスなグッズも

ⓝ
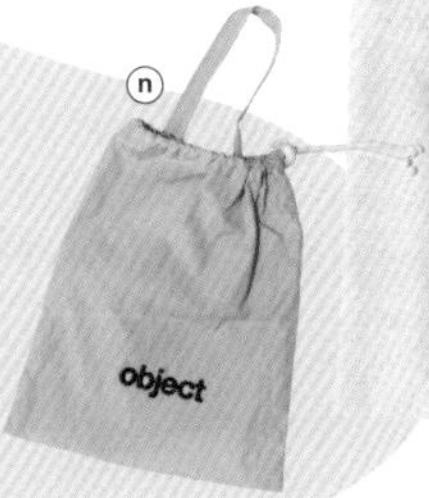

ⓜ

ⓕ
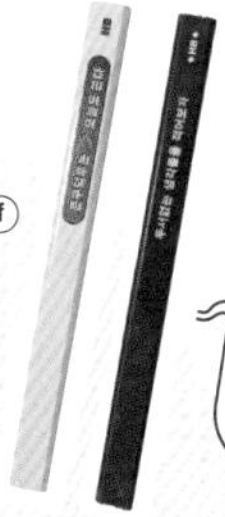

芯が楕円形のポップな木工鉛筆

ⓖ

ⓕ木工鉛筆各3,800W　建築関係でよく使われる形 ⓖスタンドチェックリスト8,900W　毎回ふせんにタスクを書いて貼っておくより効率的&デスクインテリアとしても可愛い!

ⓗ

ⓗドローイングブック各6,000W　使えば使うほど味が出る素材の表紙 ⓘスケッチブック6,800W　作家ハン・アインさんとのコラボアイテム

ソソ文具

"書く人のための文具"をテーマに、細部までこだわってデザインされた文具がそろう。

ⓘ

52WORKS

不思議な生き物"ムルロンイ"が現実社会の会社員みたいに頑張る姿は、クスッと笑えます!

ⓞ ToDoリストメモ3,000W　実は面倒くさい運動も、ムルロンイのゆるいコメントを見れば続けられそう ⓟコミックポストカード1,500W　ハングルでセリフを書いて韓国語の勉強に ⓠポストカード2,500W　文字部分がゴールドで豪華

ⓡ

ⓡキーリング10,000W　ストレートすぎるネーミング、「在宅勤務キーリング」(笑)

ⓟ

ⓞ
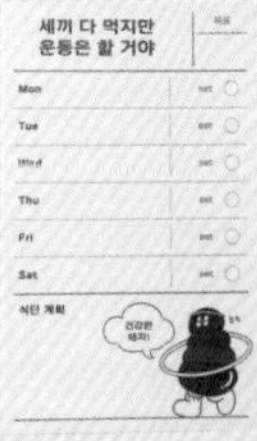

ⓠ

社会生活で聞きがちな小言をムルロンイが定規で追い払う(笑)

ⓢ

ⓢ定規1,500W 「最近、退勤が早いですね」「今日すぐやってください」 そんな言葉は無視!(笑)

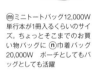

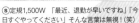

ここでしか出会えないブランドも多いショップ

✧ ✧ ✧

選び抜かれたこだわり雑貨は個性的なラインナップ

SELECT SHOP ❷

KioskKiosk

明洞でも大人気だったショップが、2020年11月にソウルの森へ移転。個人作家のブランドを多く取り扱い、コラボアイテムも精力的に制作するなど店主の雑貨愛を感じる！

KioskKiosk

키오스크키오스크
／キオスクキオスク
☎0507-1391-0626
🏠城東区ソウルの森2キル18-14 2階 ⏲火～土曜／12:30～19:30、日曜／12:00～19:00
㊡月曜 🚉水仁盆唐線ソウルの森駅5番出口から徒歩約8分
◎kioskkioskshop

ⓐフルーツボックス ミディアムハイ50,000W、ⓑラージ70,000W、ⓒミディアム40,000W
デスク周りで書類やペン立てとして使うのはもちろん、コスメや日用品のストレージとして。印象的なデザインなのにどんな場所に置いてもなじむのがポイント

＼デスクインテリアにもオススメ！／

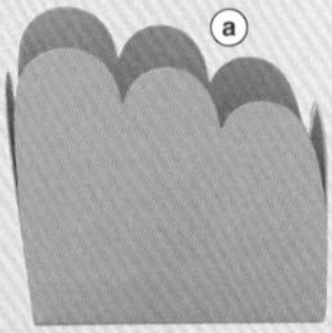

お花を挿してもいいし
オブジェとしても活躍

MojoIndustry

さまざまな素材を用いて、グラフィックを多様なメディアへと拡張していくデザインスタジオ。

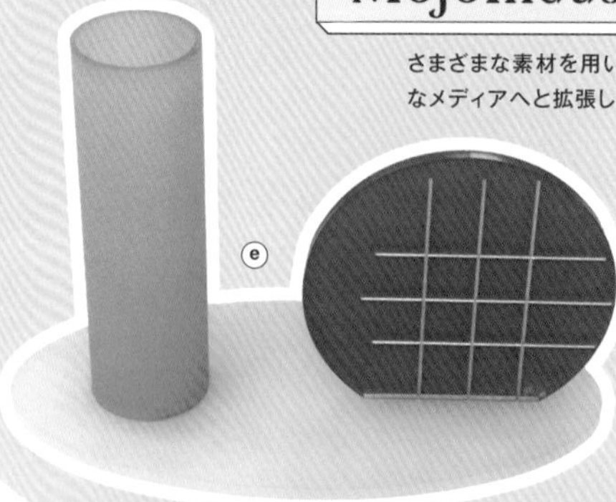

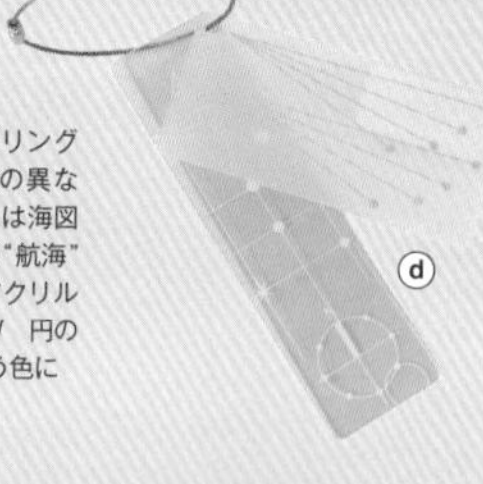

ⓓアクリルキーリング18.000W　質感の異なる2連アクリルには海図やコンパスなどの"航海"風プリント ⓔアクリルベース160,000W　円の部分は裏側が違う色に

MIGKAI

シルバー925のハンドメイドジュエリーは、
オモロ可愛いモチーフの宝庫です♡

気分やファッションに
合わせてチェンジ

ⓗシルバーリング190,000W　若干のサイズ調整が可能なフォークリング ⓘ縄跳びのペンダント155,000W＋チェーン20,000W　縄跳び部分にチェーンを通せるワザありなデザイン ⓙイヌのペンダント85,000W　商品名は"unhappyペンダント"。確かに悲しそう… ⓚクマのペンダント140,000W ⓛイモ虫のペンダント122,000W ⓜ人のペンダント122,000W　デザインは個性的だけどラインストーンが輝きをプラス ⓝビニール袋のペンダント　マイバッグを持ち歩きながらもこれをつけたい(笑)

SEOUL METAL

作家のチョ・ユリさんが手がける高感度なアクセサリーは、韓国アーティストも御用達。

ⓕゴールドピアス145,000W　気合いを入れたい日には耳元に24金の手を装備 ⓖシルバーピアス307,000W　液体のようなデザインの"LIQUID"シリーズ

A PEACE OF APPLE

元々は絵を描いていた作家が、その色彩感覚
を生かして制作しているタフティング工房。

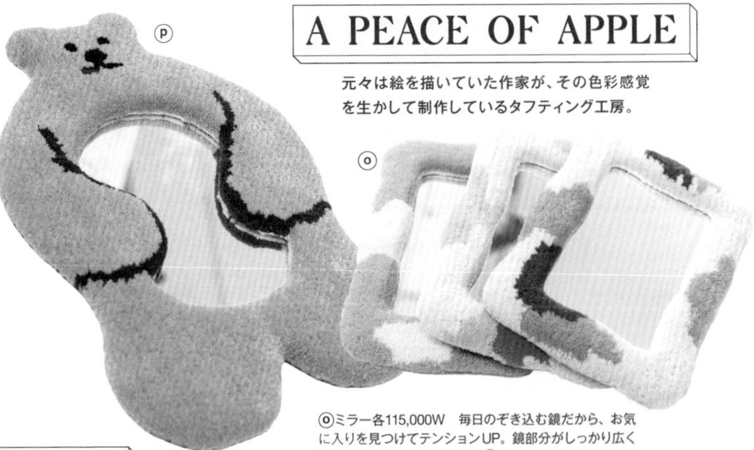

ⓞミラー各115,000W　毎日のぞき込む鏡だから、お気に入りを見つけてテンションUP。鏡部分がしっかり広くて見やすいので実用性も◎ ⓟクマのミラー125,000W　生活感が出がちな鏡だけど、一見そう見えないのがイイ！

JAEYOONONAKA

"未成熟な人間が隠している本当の顔を探す"というテーマで施される刺しゅうが印象的。

右下の布をめくると顔の刺繍が隠れてます

ⓡミニショルダーバッグ64,000W　小さめサイズながら必需品は十分に収納できる ⓢショルダーバッグ56,000W　モードファッションのキーアイテムとして投入

bird pit

カラフルな世界観×不満げな表情のキャラが絶妙にアンバランスで、クセになる！

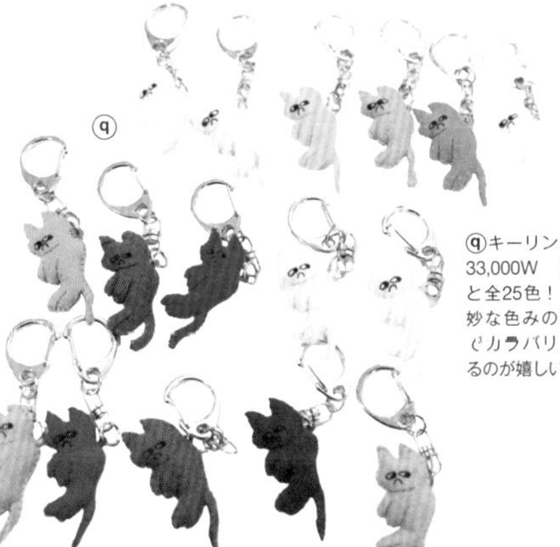

ⓠキーリング各33,000W　なんと全25色！　微妙な色みの違いでカラバリがあるのが嬉しい

one more bag

いるだけで癒やされる店内の雰囲気も人気の秘訣

店名の通り、トートバッグを始めとしたバッグと雑貨が所せましと並ぶセレクトショップ。ゆるかわ系のブランドが多いので、個性派よりは可愛いモノ好きにオススメです♡

✧✧✧ ゆるかわ系キャラ雑貨&エコバッグを探すならココ！

one more bag

원모어백／ウォンモオベッ

☎070-7768-8990 🏠鍾路区弼雲大路6-1 2階 🕘12:00～19:00 ㊡なし 地下鉄3号線景福宮駅1番出口から徒歩約4分 @onemorebagkr

DOWNTOWN MIX JUICE

クリエイターインタビュー
P128

可愛いけど、よく見たらちょっと残酷。じっくり味わいたくなる、奥深い世界観が人気！

ⓐステッカー3,000W　笑顔で地球を叩き割っちゃってます ⓑビッグステッカー各2,000W　穏やかな表情ですが書いてある言葉は「喋らないで」「今日もムカつく」(笑) ⓒグリップトック各12,000W　ⓐのステッカーと合わせてスマホをJUICE仕様に♡

ⓓポストカード2,000W　ツッコみどころがあちこちにあって、見飽きない！ ⓔお香立て16,000W　お香立てに描かれているみたいに優雅に過ごして

ⓓ

＼こんなにファンシーなお香立てもアリ！／

ⓔ

ⓑ

ⓒ

「ニャニャは我慢しない」のコミックを切りとったシール

ⓐ

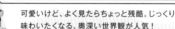

チェゴシム

インスタフォロワーは驚異の約30万人という超人気ブランド。グッズもバリエ豊か！

ⓘ

3穴のミニ手帳はトレカケースにも！

ⓙ

ⓘキーリング各7,000W　複数使いが絶対に可愛い！ ⓙミニダイアリー10,000W　別売りでリフィルもあるので自由にカスタムできる

ⓗ

ⓕ

ⓕPCケース46,000W　チャック部分も顔になっているのが可愛い♡ ⓖステッカー各800W　1枚から買えるから、欲しい絵柄だけ買えてお得！ ⓗステッカー3,000W　ペタペタ貼りながら、ハングルを読み解いていくのも楽しい♪

「勇敢な人」ステッカーと合わせ技して

ⓖ

ⓚステッカー各2,000W　恐竜がペットを可愛がったり長い領収書を眺めたり、なんだか共感できるのがツボです ⓛペット用おもちゃ各12,000W　ワンちゃんが噛むと音が出るおもちゃは、自分用のぬいぐるみとしても欲しい！

Joguman Studio

全然怖くない恐竜が愛らしい、日本でも人気が高いブランド。色んなザウルスがいます♪

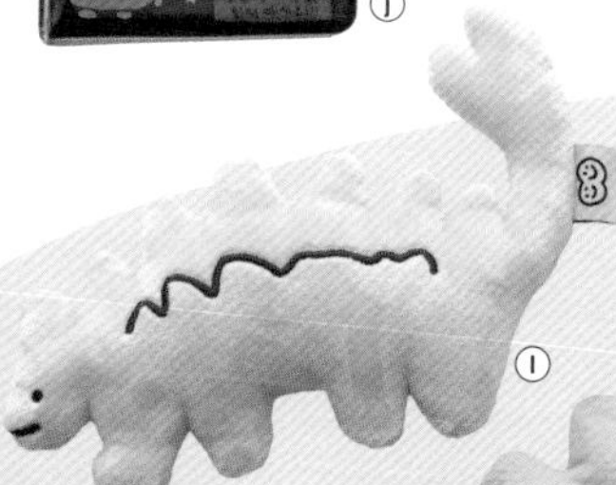
ⓛ

ワンちゃん用のおもちゃ♪

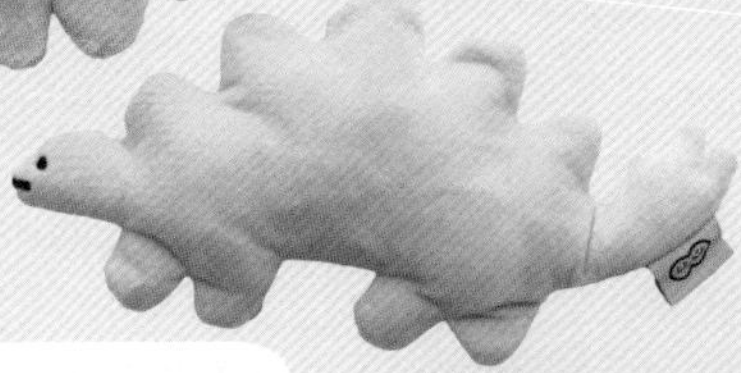

ⓚ

ⓝ

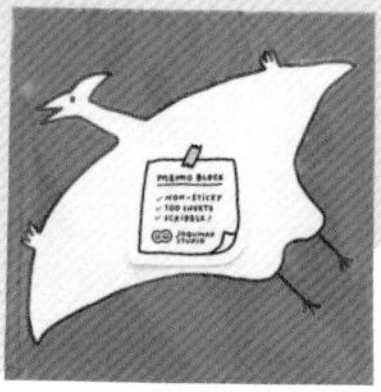

ⓜ

ⓜメモパッド3,000W　書くところは少なめでも可愛さ重視 ⓝスマホケース19,000W "お金で幸せは買えないって言うけど、お金で買えるビールは幸せと同じ"だそう(笑)

AirPodsもおさまるジャストな小物入れ

LUFF

ナチュラルでちょうどいいサイズのポーチや巾着が魅力的なファブリックブランド。

ⓟ

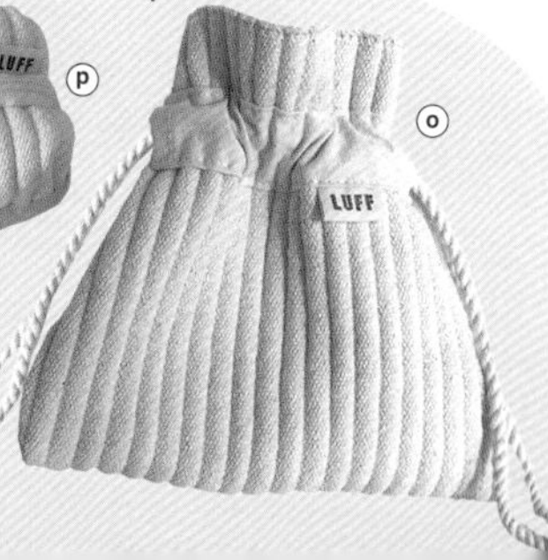

ⓞ

ⓠ

ⓞ巾着21,000W、ⓟミニポーチ17,000W どちらもコットン素材で季節問わず使いやすい ⓠベイビーポケット各21,000W LUFFの定番"baby pocket"シリーズには、リップや薬などかさばる小物を一気に収納

とにかく品数の多いお店でたくさん見たい！ そんなミーハーさんの願いを叶えてくれる広〜い雑貨屋をピックアップしました♡

LARGE STORE 1

10X10

オンラインショップとして有名ですが、実店舗も大満足の品ぞろえで迎えてくれます。学生街に位置するだけあって、特にステーショナリー分野のラインナップがアツい！

✧✧✧ミーハー心をくすぐる超王道ファンシーショップ♡

10X10 大学路店

텐바이텐 대학로점／テンバイテン テハンノジョム

☎02-741-9010 ⌂鍾路区大学路12キル31 ◷月～木曜／12:00～21:00、金～日曜／12:00～22:00 ㊡なし 地下鉄4号線恵化駅1番出口から徒歩約3分 ◎your10x10

WIGGLE WIGGLE

韓国アイドルの愛用者が多いことで人気に火が点いたブランドで、ビビッドな色づかいがたまらない♡

グリップトックつきの一石二鳥なケース

ⓐ

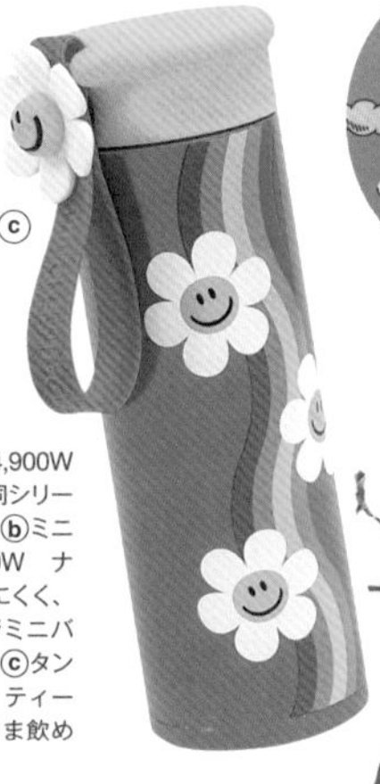

ⓒ

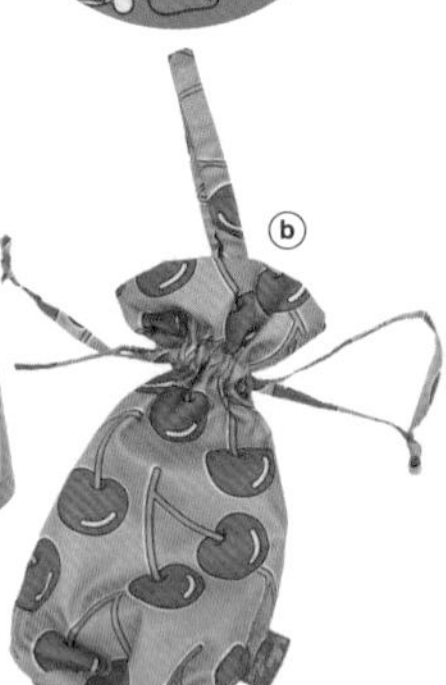

ⓑ

ⓓ

ⓐマウスパッド4,900W　セット使いできる同シリーズのマウスもアリ ⓑミニ巾着バッグ11,900W　ナイロン素材で汚れにくく、持ち手があるのでミニバッグとしても活躍 ⓒタンブラー27,800W　ティーバッグを入れたまま飲める内ブタつき

ⓓグリップトックつきクリアスマホケース各37,800W　ケースとトックのトータルコーディネートが叶う

ⓗ

書き込むのが
もったいないくらい
可愛い〜！

ⓖ

ⓖステッカーパック3,800W　きらきらホログラム仕様♡ ⓗふせん各3,500W、ⓘふせん5,000W　会社や学校で大活躍 ⓙメモパッド2,500W　ミミィちゃん・パパ・ママがいるのは最近ではレアかも？

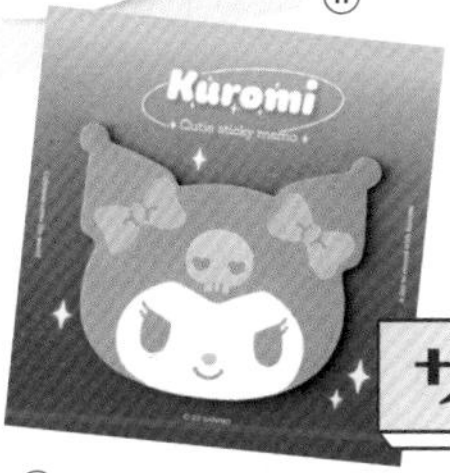

韓国でもサンリオブーム
きてます！

ⓔ

サンリオ

10X10では韓国オリジナルアイテムを取り扱っているので、サンリオファンなら必ずチェックすべし！

ⓕ

ⓔ6穴A6ダイアリー9,900W　いつからでも使える万年スケジュールのほかにミシンメモやステッカーまでついていてお得すぎ！ ⓕA6ダイアリー5,900W　マンスリー＋ウィークリーでしっかりスケジューリング

ⓘ

ⓙ

平成生まれに刺さる
レトロなキティちゃん

ⓝ

可愛いモノが好きな大人に
ぴったりのくすみパステル

ⓞ

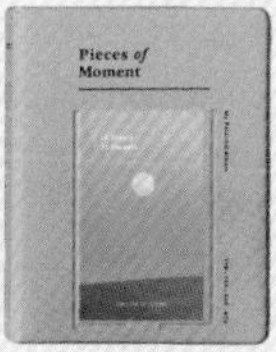

ⓟ

ⓝスタディプランナー7,920W　科目別勉強計画を立てられたり、インターネット講座チェックといった今の時代に合ったページも ⓞ6か月ダイアリー11,520W　万年タイプで半年使える。180度開くから書きやすい ⓟコレクトブック7,560W　全72枚収納可能！

iconic

学校やオフィスで使って気分を上げたい、くすみカラーのシンプルデザインが可愛いステーショナリーの宝庫♡

ⓛ

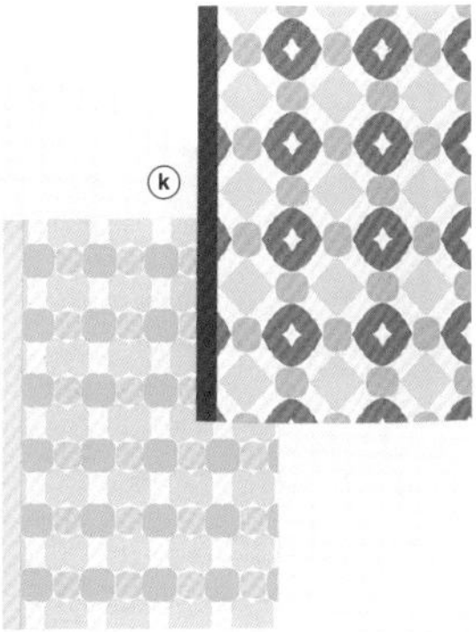

ⓚ

gongjang

配色センスが光るおしゃれな文具の数々は、環境に配慮して再生紙や大豆インクで作られています。

ⓚノート各3,000W「oQamoQa」とのコラボアイテム ⓛふせん3,200W　台紙に貼ってあるときはお花に見えて、実は業務連絡に使えそうなシンプルデザイン ⓜアーカイブファイル5,200W　入れたものをメモして管理できてわかりやすい！

ⓜ

クリアファイルより
頑丈&可愛く書類整理！

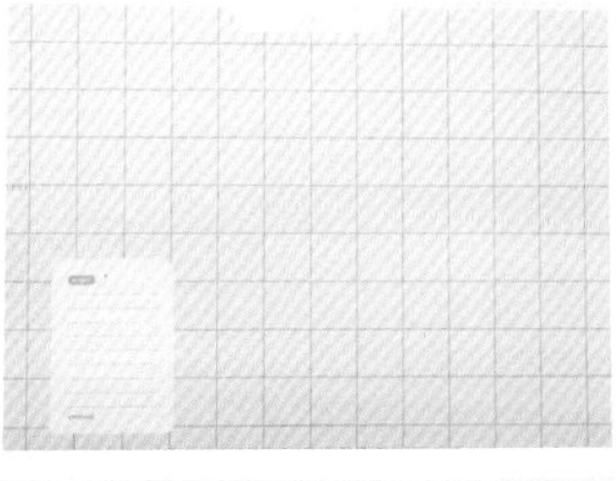

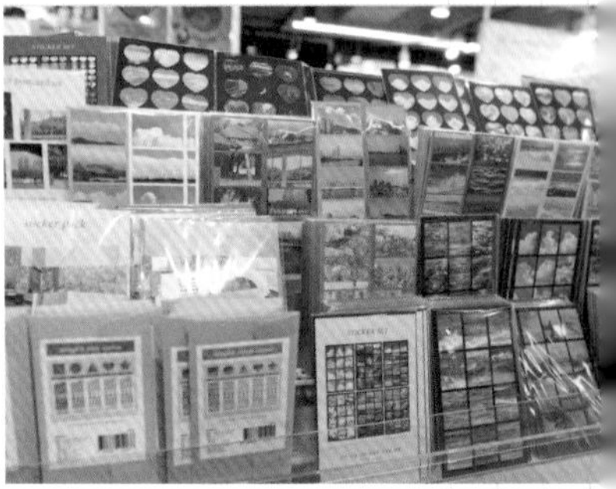

LARGE STORE 2

KT&G サンサンマダン

現代アートを楽しめる複合文化施設として作られたビルの1・2階が、雑貨を扱う「デザインスクエア」。1階は有名ブランドがメインで、2階はアート色の強い作品が並んでいます。

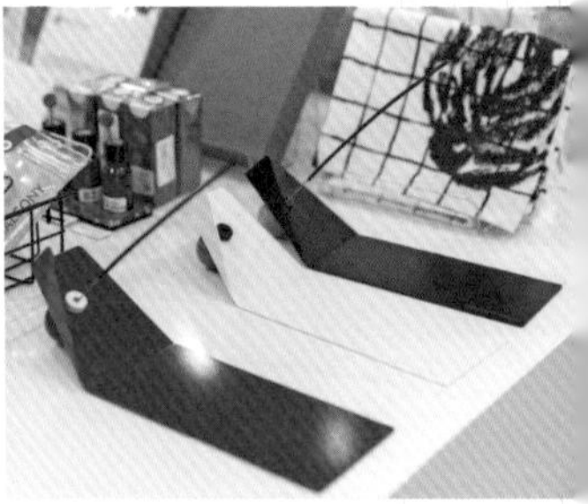

KT&G サンサンマダン

케이티앤지 상상마당
／ケイティエンジ サンサンマダン

☎02-330-6200 麻浦区オウルマダン路 65
11:00～21:00 ㊡なし 地下鉄6号線上水駅1番出口から徒歩約7分 ssmadang.official

✧✧✧ 定番ブランドと作家の1点モノがバランスよく並ぶ万能店

MUZIK TIGER

MUZIK(무직)＝無職のトラという衝撃的な名前(笑)。今HOTなブランドの1つです。

d

b

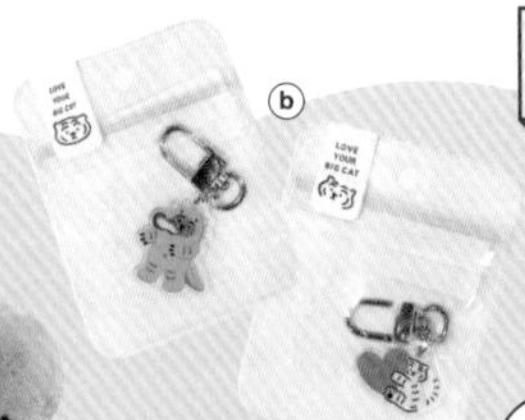

つい触りたくなるふかふかグッズ

e

f

ⓓペンケース15,000W、ⓔキーリングポーチ16,000W、ⓕフラットポーチ17,000W どれも手触りがよく、ぬいぐるみのような存在感MAXのポーチ。ⓕはしっぽがチャックになってる♡

c

a

ニートな虎を見るとなんか安心する(笑)

ⓐPCケース(12～14インチ用)48,000W　クッション性が高く、しっかり保護してくれる。他にもサイズあり ⓑキーリング各8,500W　小さめサイズなのでAirPodsケースなどにつけるのが◎ ⓒスマホストラップ6,500W　台紙はステッカーになってます♪

ⓖマウスパッド7,000W　レモンのキャラクターは"レモニ"です ⓗポーチ28,000W　内ポケットつきでコスメポーチにも最適 ⓘステッカーパック4,500W　売り物のフルーツに貼られているラベルのようなデザインがおしゃれ

SECOND MORNING

見ているこっちまで笑顔になりそうなキャラクターの雑貨がバリエ豊かにそろう！

売るレモンと売られるレモン…意外と深い!?

ⓙキーリング10,500W　なくしたら困る鍵などの目印として。2連で豪華♪ ⓚマグネット(3個セット)12,000W　これは海モチーフを集めたセットで、空ver.と池ver.もあります ⓛマグネット9,000W　立体になると可愛さ倍増〜！

グッズに合わせた台紙デザインもキュート♡

ppom ppom

韓国では意外と少ない、THEファンシーなブランド。何を買っても可愛すぎる♡

ⓞキーチェーン2,500W　カフェ制服に身を包んだppom ppomの仲間たちを全部そろえたくなっちゃう ⓟふせん3,000W　誕生日メッセージはこれに決まり！ ⓠオーロラステッカー3,000W　見る角度によってレインボーに輝きます ⓡメロンソーダステッカー3,500W　ぷっくり&ラメ入りで可愛い ⓢステッカーセット3,000W　さらっとしたマット素材のステッカーはビッグサイズ！

日記デコ=다꾸(ダク)にぴったりのシールたち♡

ダイカットシール10枚で3,000Wはお得すぎる〜！

韓国の名所を自分なりに彩ってみて

ⓜ専用筆2,500W　中に水を入れて、筆を湿らせながら塗ることができる ⓝぬり絵ポストカード各5,500W　上から、景福宮の慶会楼・釜山の夜景・済州島の椿のぬり絵が楽しめる。韓国以外の海外都市ver.も！

SOUL PALETTE

ミニパレットつきで色を塗ることができるポストカードは、お土産にぴったり！

素敵な雑貨屋がこっそり教える
とっておきのお店 Part 1

おしゃれな雑貨屋さんは、
おしゃれなお店を
知っているはず！ということで、
おすすめのお店をリサーチ。
雑貨屋巡りの合間に
立ち寄りたくなるカフェや
レストランをご紹介します。

Art×Shift(P33)の
チョン・アヨンさん**おすすめ！**

TOTTEOKI 01

Eulji Lewis

Comment

イギリス人と韓国人の夫婦が経営するカフェ&バーで、ソウルにいながらイギリスを堪能できる空間。スコーンが特に人気！　金土の夜はアルコールのみ提供でにぎわってます。

을지루이스／ウルジルイス

☎02-2272-4539 中区水標路20 4階 ⊙12:00～23:00(変更の可能性アリ。Instagramを要確認) ㊡日曜 地下鉄3・4号線忠武路駅6番出口から徒歩約5分 eulji.lewis

D&DEPARTMENT(P61)の
キム・ソンイさん**おすすめ！**

TOTTEOKI 02

ポットッパン

Comment

望遠洞で8年営業している人気店。全国の醸造所の中から甘味料や添加物を一切使用しないマッコリを選んで提供しています。マッコリに合う韓食も本当においしいですよ。

복덕방／ポットッパン

☎070-8864-1414 麻浦区圃隠路8キル5 ⊙水～金／18:00～24:00、土～日／16:00～24:00 ㊡月～火曜 地下鉄6号線望遠駅2番出口から徒歩約7分 imkhang9

grandma cabinet(P63)の
リュ・ヒョンジさん**おすすめ！**

TOTTEOKI 03

文化社

Comment

grandma cabinetから徒歩5分程度のところにあります。とても雰囲気がよくて、どのメニューもおすすめですが、昔ながらのホットケーキと断面が美しいフルーツサンドは食べてほしい！

분카샤／ブンカシャ

☎02-2269-6947 中区乙支路14キル20 2階 ⊙10:00～23:00 ㊡無休 地下鉄2・3号線乙支路3街駅9番出口から徒歩約1分 bunkasha

SHALOM(P48)の
チョ・ウニさん、アン・セヒさん**おすすめ！**

TOTTEOKI 04

MAGARI

Comment

お店から徒歩5分ほどの場所にあるイタリアンレストラン。アットホームな雰囲気で、パスタもおつまみも何でもおいしい！　ワインの品ぞろえがいいので、一緒に楽しんで。

마가리／マガリ

☎02-765-8686 鐘路区大学路52 ⊙11:00～18:00 ㊡日曜、月初の月曜日 地下鉄1号線鐘路5街駅3番出口から徒歩約7分 magari.seoul

INOURMANSION(P69)の
パク・ジェソンさん**おすすめ！**

TOTTEOKI 05

Brian's Coffee

Comment

スコーンやフィナンシェ、カヌレなど焼き菓子の種類が豊富で、行くたびにどれにしようか悩みます。近くの良才川は桜や紅葉がきれいなのでテイクアウトするのもいいかも。

브라이언스커피／ブライオンスコピ

☎02-529-6399 江南区論峴路26キル46 ⊙9:00～22:00 ㊡無休 地下鉄3号線メボン駅4番出口から徒歩約5分 brianscoffee

Ofr.Séoul(P58)の
スタッフ**おすすめ！**

TOTTEOKI 06

Boot Café Séoul 西村店

Comment

フランス・パリにあるカフェを韓国風に再解釈したお店。カラフルなパリの雰囲気とレトロな韓屋がマッチした珍しい空間で、とても写真映えします。ブーツモチーフのグッズもお見逃しなく。

부트 카페 서촌／ブトゥカペ ソチョン

☎なし 鐘路区紫霞門路46 ⊙11:00～20:00 ㊡月・火曜 地下鉄3号景福宮駅3番出口から徒歩約6分 bootcafe.seoul

KOREA GOODS GUIDE BOOK

CHAPTER 04

あなたの“可愛い”も必ずある …

キーワード別！
自分好みの雑貨屋を見つけよう

この章では“スタイリッシュ”や“ゆるかわ”、“ファンシー”、
“レトロ・ヴィンテージ”など、キーワード別で雑貨屋を
ご紹介。普段から好きなテイストに近いブランドが見つかるはず！
逆に、あえて未知の出会いを楽しむのも最高です♡

年々、進化を遂げており、「スタイリッシュ」という言葉がしっくりくる雑貨界隈。デザイン性の高さは目を見張るものがあります。

おしゃれな人がこぞって紹介してる大注目ブランド

STYLISH SHOP 1

SHALOM

インフルエンサーやVloggerからのおすすめでたびたび目にするハイセンスなお店。陶器のオブジェやグラフィックアイテムなど、キュートとアグリーが同居したデザインは見る人をトリコにします。

pkp's comment

お店のレイアウトも参考にしたい！

「何気なく置いてあるディスプレイや配置のバランスまで素敵すぎて、取り入れたくなります。スタッフの方の着こなしがとても素敵なアパレルラインも本当に可愛いんです！」

ラインストーンつきのグラスなどとにかく洒落ている！

ポケットからのぞかせるとキュート♥

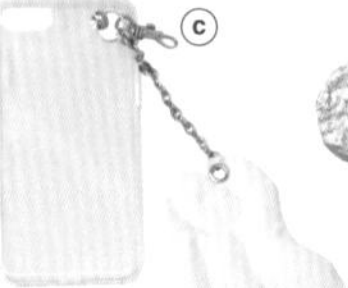

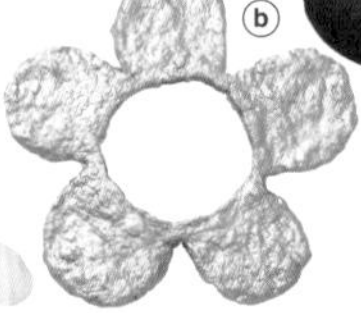

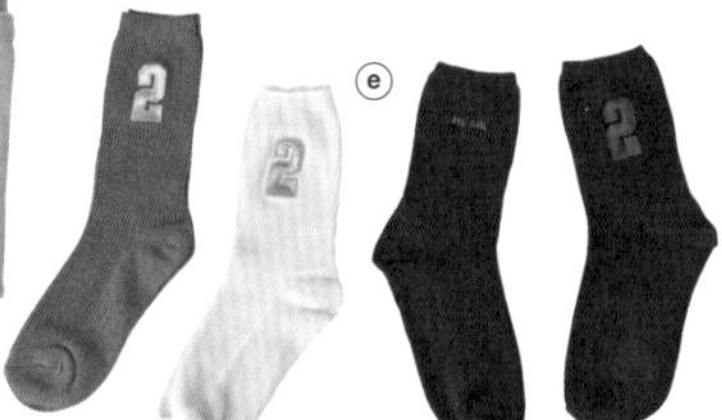

ちょっとした旅行やオタ活にも

SHALOM CLUB

샬롬클럽／シャロムクロブ
☎010-4320-0383 🏠鍾路区栗谷路17キル19 ⏲12:00～20:00 ㊡月曜 地下鉄4号線恵化駅2番出口から徒歩約10分
s.h.a.l.o.m.c.l.u.b

ⓐスマホグリップ各22,000W　インパクト大のフラワーはスマホにつけてもフックとして活用してもOK ⓑミラー60,000W　立てかけて使えるパンジーのミニミラー ⓒスマホケース45,000W　羽モチーフの揺れるチャームつき ⓓバッグ60,000W　大容量のトートバッグ。ペールグレーの色合いにぷっくりプリントのロゴがたまらない ⓔソックス各22,000W　ブランドの2周年記念ソックス。メタリックの刺繍が小粋 ⓕバッグ各22,000W　ポップアップイベント用に制作したアイテム。フリース素材にアグリーなキノコのイラスト入り

トレンド知りたきゃここへGO！ヒップなアイテム勢ぞろい

STYLISH SHOP 2

NICE WEATHER

コンビニコンセプトの雑貨屋。カロスキルの店舗は「新概念デパート」をイメージした作りで、雑貨、アパレル、食品、お酒、キャンプグッズなど品ぞろえが幅広く、ここに来れば今イケてるものが丸わかり！

d

c

b

香りものも充実してます

a

e

g

f

流行りのタフティングのインテリアグッズも

ⓐお香4,000W　世界的に人気の高いインドのお香 ⓑキャンドル36,000W 「P.F.Candle」のチークウッド＆タバコは“彼氏の香り”とも呼ばれる ⓒオブジェ88,000W、ⓓスノードーム24,000W カラフルなマリア像がロック。「J'AI VU LA VIERGE」のアイテム ⓔスマホケース各22,000W　目を引く「FUN ASS DAY」のケースは買って損なし ⓕ鉢カバー72,000W　味気ない鉢もグンとおしゃれに。「AMONGTHEM」のアイテム ⓖミラー98,000W LPからインスピレーションを受けたデザイン ⓗグラス4,000W 晩酌が進みそうなソジュグラス ⓘトレイ22,000W　アメリカンヴィンテージ風のイケてるビジュアル ⓙインスタントカメラ23,000W　思い出をおしゃれに残したいなら即買い ⓚラバーグローブ8,000W　洗い物や掃除も捗りそう！

ショップオリジナルアイテムも間違いないセンスのよさ

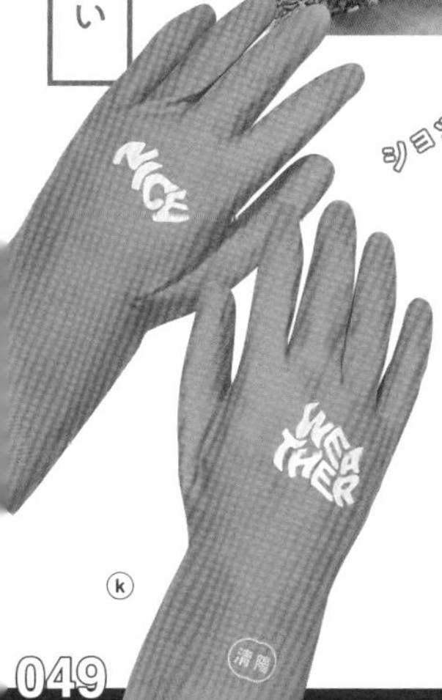

k

i

h

j

NICE WEATHER MARKET

나이스웨더 마켓／ナイスウェド マケン

☎02-547-0073 江南区江南大路162キル35 11:00～21:00 ㊡無休 地下鉄3号線・新盆唐線新沙駅6番出口から徒歩約8分 niceweather.seoul

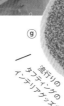

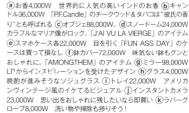

STYLISH SHOP 3

BEAKER

梨泰院と漢江鎮をつなぐメインストリート沿いにある、サムスン物産が展開するセレクトショップ。広々とした店内には、国内外のトレンドアイテムが並び、おしゃれ人が頻繁に出入りしています。

ファッショニスタが必ず行く言わずと知れた有名セレクトショップ

ⓑ

ⓐ

ⓒ

ⓓ

元YGエンタの人気スタイリストが監修！

ⓗ

ⓕ

贈り主のセンスが光るカード

ⓖ

ⓔ

ⓙ

ⓘ

世界の老舗ブランドの商品も

ⓐトートバッグ(大)39,000W、ⓑトートバッグ(小)30,000W　表面がクマの顔、裏面がロゴのデザイン。ベーシックな色みでデイリー使いに最適 ⓒバケットハット、ⓓキャップ各42,000W　ナードベアのワンポイントが入ったシーズンレスなユニセックスアイテム ⓔコースター(4枚セット)68,000W　オランダのライフスタイルブランド「&k amsterdam」のスマイルコースター。食卓を笑顔にしてくれそう ⓕカード9,500W、ⓖミニカード各5,500W　ブリュッセルのペーパークラフトブランド「le typographe」のカードは配置やメッセージが絶妙。封筒つき ⓗお香各29,000W 2NE1などの専属スタイリストだったキム・ヨンウさんプロデュースのお香ブランド「オルフューム」。ケースのふたはお香立てとして使用も可 ⓘグラス30,000W、ⓙマグカップ52,000W　ドイツ発祥ミラノを拠点とするグラスメーカー「イッケンドルフ」のシーズン限定アイテム。繊細なデザインが魅力

BEAKER 漢南フラッグシップストア

비이커 한남 플래그십 스토어
／ビイコ ハンナム プレグシプ ストオ

☎070-4118-5218 🏠龍山区梨泰院路241 🕘11:00～20:00 ㊡無休 🚇地下鉄6号線漢江鎮駅1番出口から徒歩約6分 ⓘbeaker_store

毎月取り上げるブランドが変わるからいつ行っても新鮮！

STYLISH SHOP 4

Un Bon Collector

店名は「A good collector」という意味のフランス語と英語の合成語。毎月新しいブランドのポップアップや展示、ワークショップを開催。お店に並べきれない商品もあるので声をかけてみるといいかも。

ⓒ

ⓑ

ⓐ

「COLD PICNIC」の
バスマットも取り扱いアリ！

ⓓ

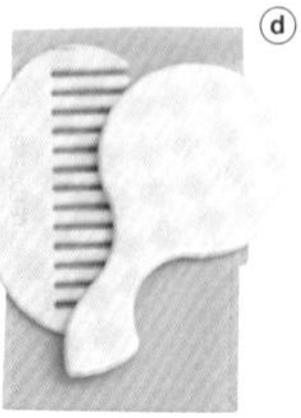

お目当てで来る人も多い人気アイテム

ⓔ

ⓗ

ⓖ

ⓘ

想いがより
伝わりそう！

ⓐトートバッグ23,000W　お店ロゴがスタイリッシュにレイアウト ⓑミニトート21,000W　ミニサイズながら注目度UP間違いなし ⓒオーガンジートート18,000W　タイダイ柄が美しい繊細な素材のバッグ ⓓコーム＆ミラーセット34,000W　ちょっとお直ししたいときに便利！ ⓔスマホケース各27,000W　色違いやクリア素材のものなど種類豊富 ⓕキータグ18,500W　見えるところにつけてさりげなくアピールを ⓖポストカード7,900W 「ありのままの君を愛してる」というメッセージを大切な人に ⓗポストカード(6枚セット)6,500W　フランス語で「愛してる」「ありがとうママ」などが書かれたカードが6種 ⓘポストカード6,900W　誕生日にもらったら思わずにっこり

ⓕ

女性の人権を
主張するメッセージも

Un Bon Collector

암봉꼴렉터／アンボンコレクト

☎070-8872-4889 🏠鍾路区紫霞門路10キル22 3階 ⏲13:00～19:00 ㊡月～水曜 地下鉄3号線景福宮駅3番出口から徒歩約6分 unboncollector.store

WARMGREY TAIL

大自然で生きる動物たちを脱力感のあるイラストで描いたブランド。韓国インテリアブームを通してファブリックポスターが人気を博し、日本でもその名が知られるようになりました。

あたたかみのあるアニマルたちに癒やされて♡

いわずとしれた超人気アイテム！

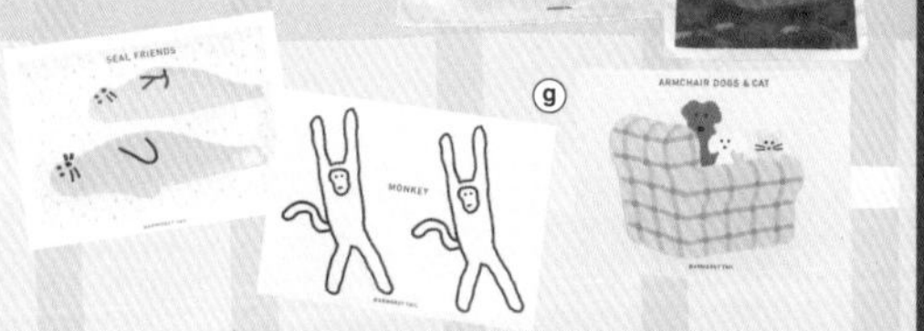

WARMGREY TAIL

웜그레이테일／ウォムグレイテイル

☎070-4024-3719 麻浦区圃隠路94 2階 火～金曜／13:30～19:30、土・日曜／13:00～19:00 休月曜 地下鉄6号線望遠駅2番出口から徒歩約7分 warmgreytail

ⓐファブリックポスター(ミディアム)30,000W、ⓑファブリックポスター(スモール)24,000W　ウッドスティックとセット購入も可能 ⓒマグカップ26,000W　ホーロー素材なのでオーブンOK ⓓミルクカップ23,000W ⓔグラス各20,500W、ⓕガラスミニマグカップ各16,000W　ホットドリンクも飲める耐熱ガラス ⓖポストカード各2,000W　おしゃれインテリアとして、壁に貼っても◎ ⓗスマホグリップ各16,000W　立てて置けるスタンドにもなる優れモノ！

ほっこりアニマル系からクセつよ系まで、バラエティ豊かなゆるかわジャンル。日々をHAPPYにしてくれるキャラクターと共に♡

ゆるゆる&クセつよで不思議な世界観

ⓐ

定期的に新シリーズが出る
フィギュアが看板商品

ⓑ

おしゃれダイアリーみたいな
ぬり絵にキュン♡

YURUKAWA SHOP ②

CIRCUS BOY BAND

遊びゴコロあふれるシュールなキャラクターは、見るだけでワクワク。一度ハマったら抜け出せない魅力があり、日常使いできる&コレクションしたくなるグッズが豊富なので、固定ファンも多いんです！

ⓔ

脱力系レインボークマが
ゆるすぎる（笑）

ⓓ

コーデの
ワンポイントにしたい
派手ソックス

ⓒ

ⓐフィギュア（コンビニエンスストアシリーズ）セット165,600W、単体13,800W ⓑぬり絵各8,800W　可愛いイラストで楽しく塗れる ⓒキーホルダー 各11,800W ⓓソックス 各11,800W　トレンドのクルー丈 ⓔステッカー 各2,500W 違う種類のステッカーを組み合わせて使うのも◎

CIRCUS BOY BAND

서커스보이밴드／ソコスボイベンドゥ

☎070-4238-2265 🏠麻浦区トンマッ路5キル23 3階 ⏲13:00〜18:00 ㊡土〜月曜 地下鉄2・6号線合井駅6番出口から徒歩約6分 ⓘcircusboyband

あなたの毎日に幸せを届けてくれる雑貨がめじろおし！

YURUKAWA SHOP 3

oh, lolly day!

“日常の些細な出来事が人生を幸せにできる”というモットーを掲げて誕生。ハッピーな表情や雰囲気のアイテムが満載で、そばにあるだけで思わず笑顔になれます。

幸せを見つけたり、いい習慣が身につくステーショナリーも展開しています

e d c

b

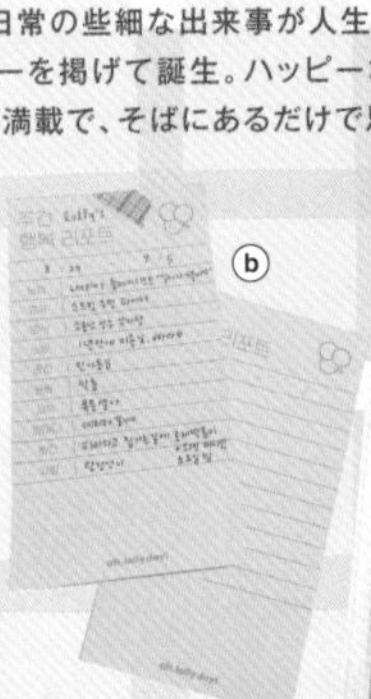

a

マスコットキャラクター“モンナニ3兄弟”のグッズがたくさん手に入る！

f

g

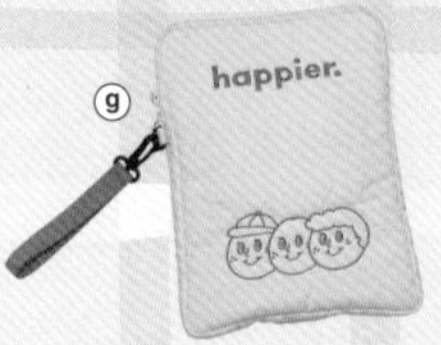

HAPPIER MART 聖水店

해피어마트 성수점／ヘピオマトゥ ソンスジョム

☎02-466-1012 城東区聖水２路22キル61 5階 12:30〜19:30 ㊡月・火曜 地下鉄2・7号線建大入口駅１番出口から徒歩約8分 ohlollyday.official

ⓐグリップトック16,000W　ユナニのおどけた様子がキュート♡ ⓑ幸せ発見メモ3,000W　1週間自分を幸せにしてくれた出来事を記録できるメモ。些細なハッピーに気づくきっかけに ⓒ目標達成メモ4,000W　これがあればもう三日坊主とはさようなら！ ⓓ習慣メモ4,000W　把握したい習慣のテーマを掲げて詳細に記録できるメモ。食べ物記録に良さそう ⓔ目標達成メモ8,000W　壁に貼れるサイズが欲しい人はこちらがおすすめ ⓕステッカー各700W　見ているだけでほっこりするゆる絵柄 ⓖタブレットケース55,000W　ナイロン素材だから汚れなども拭き取りやすい

ゆる ふわな動物たちにほっこりホクホク♥

YURUKAWA SHOP 4

hozumi

イラストレーターとファブリックデザイナーが出会って生まれた釜山発のブランド。小さくて役に立つものを作っています。マスコットキャラクターの白い鳥「セイホ」が特に人気♪

ふわっふわのもっふもふ〜いつまでもなでていたい…

嫌なことがあっても
「まぁ、いっか」と思わせてくれそうな
癒やし効果アリ

hozumi
호즈미／ホズミ
@hozumipocket

ココで買える!
one more bag ⟹ P40

PKP's comment
PKPでも大人気のブランド!
荷物や小物と一緒に“カワイイ”も持ち運べるポケットブランドです。実はローズ色の鳥のポーチは、私が色をオーダーして作ってもらったなんて裏話もあります。

ⓐセイホキーリング10,000W、ⓑプリン犬キーリング14,800W、ⓒクマキーリング14,800W　触り心地のよい動物たちを身につけていつでも一緒に ⓓポーチ各11,000W　ブランド名をモチーフにしたデザイン。裏面につかんだり、腕に引っかけられる取っ手つき ⓔクマポーチ32,000W、ⓕうさぎポーチ32,000W　大人気の動物ポーチはほかに狼やムササビ、コアラ、鳥なども

YURUKAWA SHOP 5

STEADINARY

日常のあらゆる瞬間に切り込んだシュールかつシニカルなアイテムたち。それぞれにストーリーがあり、目が離せなくなる中毒性を秘めています。インスタの商品写真も面白い。

表情の読み取れないキャラクターがクセになりまくる

笑ってる? 怒ってる? それとも無…?

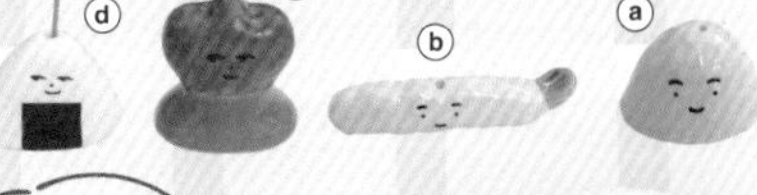

シュールすぎるイラストがたまらん!

STEADINARY
스테디너리／ステディノリ
@steadinary

ココで買える!
object 西橋店 ⟹ P36
one more bag ⟹ P40

PKP's comment
愉快な世界観に注目しています
餃子やエビフライなど、他ではあまり見ないモチーフの陶器やステーショナリーがPKPでも人気。ブランド開始から日が浅いそうですが、既にファンが多い注目のブランドです!

ⓐ石ころお香立て18,000W ⓑエビフライお香立て29,000W ⓒチューリップお香立て32,000W ⓓおにぎりお香立て22,000W ⓔマグカップ49,000W　後ろには「月曜日が嫌い」と英語のメッセージが。立派な社会人だから偽りの笑顔を見せないといけないときがある、という意味を込めた表情です(笑) ⓕクローバー写真立て36,000W ⓖサーフィンベアお香立て55,000W ⓗ餃子お香立て22,000W ⓘクマの顔お香立て22,000W

FANCY SHOP 1

RECORDER factory

カスタムして自分好みのグッズやプレゼントを作ろう

ブランドの商品がすべて見られる店内にはカスタムに適したアイテムが並び、気軽にオンリーワンのグッズが作れます。200種類以上のキャラクターの中から推しに巡り会えるかも！

ⓐ

デコできるアイテムがたーっくさん！

ⓓ

ⓕ

ⓔ

ⓒ

ブルーのチェックを海に見立てて

ⓑ

こんなデコもできちゃう！

RECORDER factory

리코더팩토리／リコドペットリ

☎なし 🏠麻浦区聖地3キル40 🕘13:00～19:00 ㊡日曜 地下鉄2・6号線合井駅7番出口から徒歩約5分 @recorder_fac

ⓐアクリルキーリング各6,000W　なんと約100種類！　複数買いも要検討 ⓑハンドミラー4,000W、ⓒステッカー5,000W　ブルーのギンガムチェックのミラーにぷくぷくっとしたシールを貼るだけでオリジナルミラーの完成 ⓓフィギュア各13,000W　ちょこんと置いておくだけで癒やされる♥ ⓔマスキングテープホルダー7,000W　増えがちなマステの収納にお役立ち。空間を生かした縦収納が実現 ⓕグリップトック12,000W　デコできるシール入り。トックに貼ってもスマホ本体をデコっても

ファンシー編
FANCY

根強い人気を誇る雑貨ジャンルのひとつ。いずれも物量と世界観にひたれる空間作りはさすがです。可愛すぎてツラくなっちゃうかも（笑）。

店内ではたくさんのドールがお出迎え♡

ゆめかわな女のコたちにメロメロになっちゃう！

FANCY SHOP 2

afrocat

UFOキャッチャーのピンクのドアを開けて入る夢のような空間！ 2006年に始まり、レトロなテイストはもちろん、イマドキなペーパードールメイトにも出会えます。

ⓕ

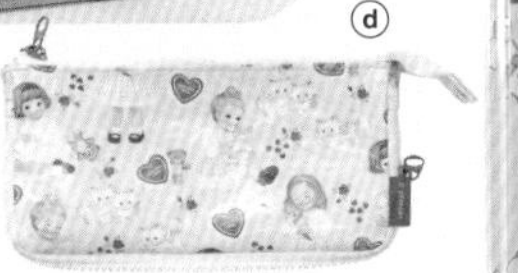

ⓓ

ⓔ

ⓑ

ⓒ

ⓐ

着せ替えイラストが乙女ゴコロをくすぐりまくり！

Paper doll mate ATELIER ソウルの森店

페이퍼돌메이트아틀리에 서울숲섬／
ペイポドルメイトゥアトゥリエ ソウルスップジョム
☎070-8823-8988 🏠城東区ソウルの森2キル45-1 🕘12:30～20:00 ㊡なし 🚉首都圏電鉄水仁盆唐線ソウルの森駅5番出口から徒歩約4分 📷afrocat_

ⓐステッカー2,500W　オーロラに輝くペーパードールメイト。昔ながらのステッカーで心くすぐられます ⓑグリップトック18,000W　ビッグサイズでインパクト大。アイキャッチに ⓒキーリング6,000W　2頭身のサイズ感で愛おしさ倍増！ ⓓペンケース18,900W　収納量によってサイズを調整できるジッパーつき ⓔリングノート3,000W　ハンディサイズで持ち歩きやすい。可愛いカバーでメモも捗りそう ⓕスマホケース各26,000W　クレカやICカードを入れられるホルダーつきで便利

SIMPLE NATURAL SHOP ①

Ofr.Séoul

1階はOfr.Parisの支店「Ofr. Séoul」で本とオリジナル雑貨が購入可、2階はヴィンテージ雑貨やアクセサリーのセレクトショップ「mirabelle」。パリを感じられる空間です。

2階の
セレクトショップは
ヴィンテージ
アイテムが多数！

パリの本屋さんが上陸！可愛い雑貨やアートな本が手に入る

f

ロゴ入りバケハもおすすめ

d e

大人気の
ロゴトートは
持ってるだけで
自慢できる♪

a c b

h

g

Ofr.Séoul

오에프알 서울／オエプアル ソウル

☎なし 🏠鍾路区紫霞門路12キル11-14 ⏲11:00〜20:00 ㊡月曜、最終週の木曜 地下鉄3号線景福宮駅3番出口から徒歩約7分 ofrseoul

ⓐトートバッグ55,000W　マチつきで大容量 ⓑミニバッグ26,000W　お弁当入れに最適 ⓒトートバッグ27,000W　一番人気サイズはカラバリ豊富 ⓓお皿(大)88,000W ⓔお皿(小)各78,000W　パリのブランド「CSAO」のガラス皿はハンドペイント ⓕバケットハット54,000W　どんな服にもマッチするシンプルデザイン ⓖヘアクリップ(2個セット)各9,000W　おだんごにちょこんとつけても可愛い♥ ⓗミニバッグ18,000W　ガールプリントは大人気！

服のテイストや趣味が違っても意気投合できそうな、多くの人にマッチしやすいデザイン。おそろいや色違いも気軽に楽しめそうです。

持つ人を選ばないシンプルでさりげなくおしゃれなステーショナリー

SIMPLE NATURAL SHOP 2

POINT OF VIEW

1～3階までの店内はデイリー使いできそうな文具から玄人向けのアイテムまでそろい、ステーショナリーファンが集う。ブランドシンボルのりんごは、セザンヌの絵がモチーフだそう。

kitty bunny ponyのアイテムもGETできる

ⓐ

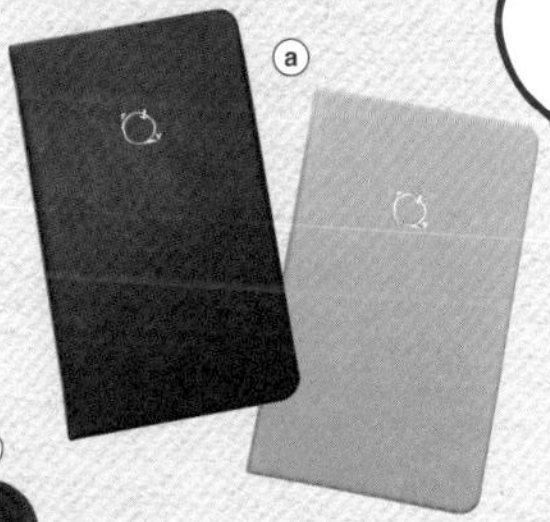

お店の
りんごアイコンと
kitty bunny ponyの
コラボグッズ！

ⓕ ⓔ

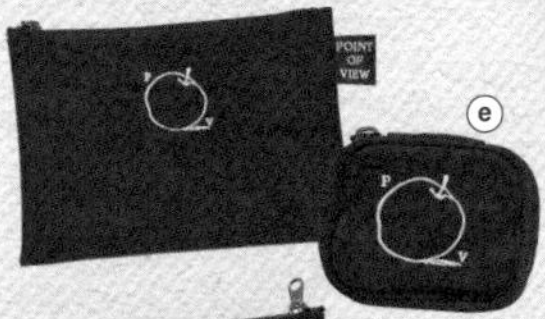

ⓘ

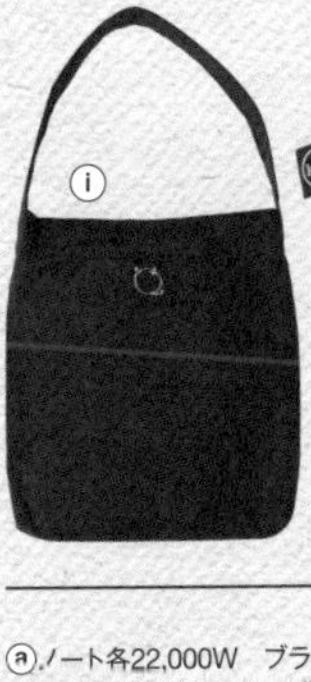

ⓖ ⓗ

カバーがイケてるノートは
持つだけで
センスのいい人に

ⓑ ⓒ ⓓ

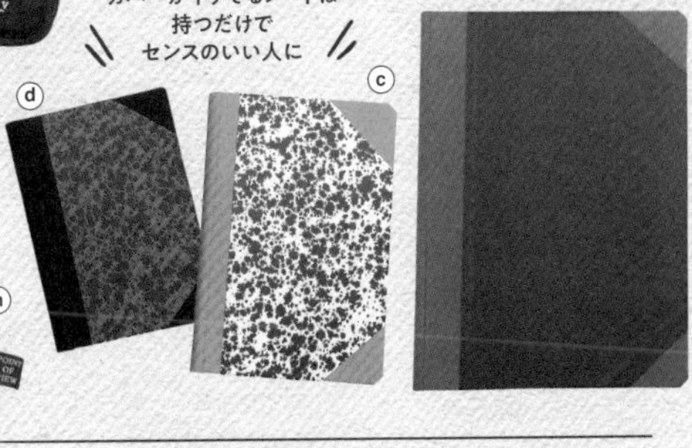

ⓐノート各22,000W　ブランドアイコンのりんごをワンポイントにした人気の無地ノート。黒は金付け、キャメルは銀付けが施されています　ⓑA5ノート33,000W、ⓒA6ノート23,000W、ⓓA7ノート20,000W　ポルトガルの老舗ブランド「EMILIO BRAGA」のハンドメイドで作られているノート。用途に合わせたサイズを選んで　ⓔミニケース25,000W、ⓕミニポーチ9,500W、ⓖポーチ12,000W ⓗペンケース17,000W、ⓘバッグ33,000W 「kitty bunny pony」とのコラボアイテム。手旗信号は「P」「O」「V」を表しており、ブランド名を控えめに主張

POINT OF VIEW

포인트오브뷰／ポイントゥオブビュ

☎02-467-0018 城東区練武場キル18 12:00～20:00 ㊡最終週の月曜 地下鉄2号線聖水駅4番出口から徒歩約6分
pointofview.seoul

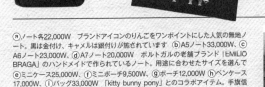

1999年創立以来長く親しまれているステーショナリーブランド

アイデアを
書き溜めたくなる
ファブリックカバーの
ノート
DRAW YOUR MIND
ⓒ

12 07 WED NES DAY
ⓐ

ⓑ

SIMPLE NATURAL SHOP 3

MILLIMETER MILLIGRAM

美大出身の4人が集まってできたブランドで、長年韓国だけでなく世界でも愛されています。アイテムも長く使う想定がされているものが多く、自分の一部になっていく感覚が味わえそう。

ⓖ ⓕ

折り重なる
デザインは
見とれるほど
キレイ！
ⓔ ⓓ

PAPER WEAVING
HANENO SUZUKI

MILLIMETER MILLIGRAM(MMMG)

밀리미터 밀리그람／ミリミトミリグラム

☎02-549-1520 ⌂龍山区梨泰院路240 地下2階 ⏲11:30～20:00 ㊡最終週の月曜 地下鉄6号線漢江鎮駅3番出口から徒歩約7分 ◎mmmg_millimeter_milligram

ⓐカレンダー35,000W 月、日、曜日を組み合わせられる万年カレンダー。ⓑマグカップ(大)26,000W、(小)24,000W オリジナルのガラスマグ ⓒノート(大)25,000W、(小)15,000W 使い込むほど味が出そうな1冊 ⓓノート(Sサイズ)12,000W、ⓔノート(Mサイズ)14,000W アーティスト鈴木葉音野さんとのコラボノート。あらゆるカッティングを施した合計12種類の紙を編んだカバーが美しい ⓕウォレット77,000W ⓖカードウォレット各44,000W 牛革素材で高級感アリ。MMMGの刻印入り

SIMPLE NATURAL SHOP ④

D&DEPARTMENT

2013年オープン。日本と世界から集めたロングライフデザインのアイテムに加え、韓国伝統工芸品や特産物などを取り扱っています。ここに来れば韓国の“いいもの”の知識が深まるかも。

日本でも人気ブランドの d seoul限定商品

日本発デザインセレクトショップの海外1号店！ 韓国の名品に出会える

トッポッキ皿は手に入れたい♥

ⓐヴィンテージグラス12,000~21,000W　お酒好きな友達へのプレゼントに♪ ⓑテーブルソルト12,000W　日本でも歯磨き粉などで人気の高いブランド「SALTRAIN」の食塩。苦味がなくさっぱりとした味で、韓国料理を引き立ててくれます ⓒ韓国の伝統陶磁器も販売中。職人が真心を込めた作品はじっくり見たい ⓓゆず茶(4個セット)20,000W　慶尚南道河東郡産のゆず茶は店員さんイチオシアイテム ⓔトッポッキ皿3,500W　大理石をイメージして作られたメラミン樹脂製のトッポッキ皿。今では数少ない工場で生産されているそう

D&DEPARTMENT SEOUL

디앤디파트먼트 서울점
／ディエンディパトゥモントゥ ソウルジョム

☎02-795-1520 ⌂龍山区梨泰院路240 地下1階 ⏲11:30~20:00 ㊡最終週の月曜 地下鉄6号線漢江鎮駅3番出口から徒歩約7分 d_d_seoul

RETRO VINTAGE SHOP 1

スバコ

さまざまな国を旅して可愛いヴィンテージアイテムを集めたことをきっかけに2016年オープン。グッズはもちろん、プリクラ機も人気で連日たくさんのお客さんで賑わっています。

お客さんが次から次へと！4号店まであるレトロ好きの聖地

旧暦ものってる
昔ながらの日めくりも発見

DOWNTOWN
フレームで
プリが撮れちゃう♡

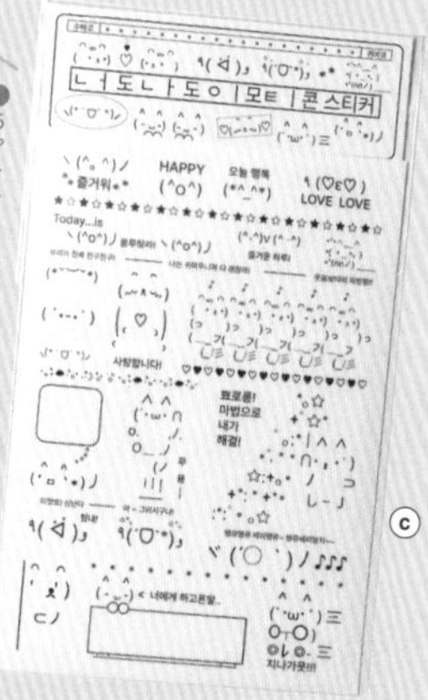
●ちゃんねるでよく見かけるやつ！の韓国語ver

スバコ1号店

수바코1호／スバコイロ

☎010-2781-5881 ⌂麻浦区喜雨亭路20キル66 ⏲14:00～19:00 ㊡月曜 地下鉄6号線望遠駅2番出口から徒歩約9分 _subaco

ⓐメモパッド各3,000W　カタカナ「スバコ」がレトロさを加速 ⓑライター各2,000W　彩り鮮やかなライターは珍しいパステルカラーなども ⓒ顔文字ステッカー3,000W　ネット社会を象徴するお店でも大人気のアイテム ⓓポストカード各2,000W　店内に飾られているアイコニックなアイテムを収めたスバコならではのグッズ。9柄アリ ⓔティンケース8,000W　スバコベアが描かれたキュートなデザイン ⓕステッカー各3,000W　いろんな表情のスバコベアが愛おしさ満点

韓国でもレトロブームが到来中！　どこか懐かしいアイテムがむしろ新鮮で、多くの人の心を魅了。中にはかなりレアなアイテムも。

"おばあちゃんのタンスから出てきたきらめくもの"がテーマ

ほかにはない
オリジナリティーあふれる
ステッカーもたくさん！

SOSOM ROOM ⓐ

pogle pogle ⓑ

ⓒ

RETRO VINTAGE SHOP 2

grandma cabinet

異空間に迷い込んだかのようなライティングとタイムスリップしたかのようなレトロさにクラクラ。ディスプレイも目を凝らして見たくなるものが多く、隅から隅まで堪能してほしい。

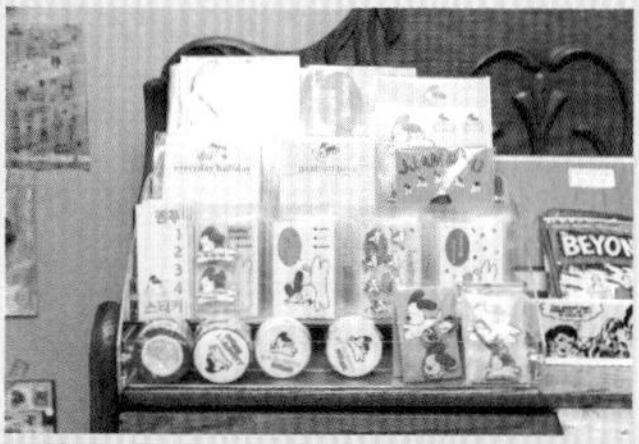

カラオケ店だった内装を生かした作りがイカしてます

dogmilktea ⓕ

ⓖ

grandma cabinet ⓓ

ⓔ

入荷次第消えていくのであったらラッキー！

ttgaeziller ⓘ ⓗ

ⓐステッカー4,000W、ⓑステッカー2,000W、ⓒステッカー2,500W　人気作家たちのステッカーは早いもの勝ち ⓓメモパッド各2,500W　ゆるいタッチとやわらかな色づかいに和む ⓔ切手ポストカード各1,500W（4枚セット4,000W）　おばあちゃんの代からスクラップした国内外の切手をポストカードに ⓕキーホルダー各22,000W　ハッピーな表情がキュートな台湾アーティストのアクリルキーホルダー ⓖゲーム機チャーム12,000W　90年代に流行ったミニゲーム機とおもちゃのブロックを合わせて ⓗピンクポーチ13,000W、ⓘブルーポーチ8,000W　ハンドメイドの一点もので大人気

grandma cabinet

그랜마캐비넷／グレンマケビネッ

☎0507-1316-0616 中区退渓路27キル42 3階 12:00～20:00 休月・火曜 地下鉄2・3号線乙支路3街駅9番出口から徒歩約4分 grandmacabinet

RETRO VINTAGE SHOP 3

1537

レトロ＋シュールの不思議な魅力に好きがどんどん加速！

なんともいえないシュールなイラストがやたらとジワジワ来て、気づけばトリコに！　食器やヴィンテージアイテムが多数並びます。長年買いそろえるファンも多い有名ブランド。

BOIL EGG
FLOUR

恥ずかしがってるのかな?
可愛い…

ⓐ

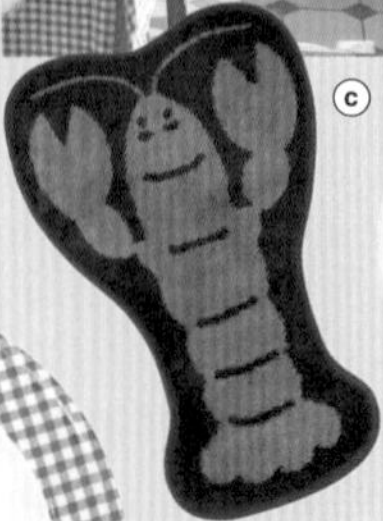

ⓒ

ⓑ

食べ終わると
クマがこんにちは！

ⓖ

ⓕ

ⓔ

ⓓ

1537 STORE

1537스토어／イロサムチルストオ

☎02-825-1537 🏠麻浦区ソンミ山路7アンキル14 🕘12:30～18:00 休土～火曜 地下鉄6号線望遠駅1番出口から徒歩約8分
ⓘoohlala1537_official

ⓐクママグカップ17,000W　人気アイテムのハグベアシリーズ。食洗機や電子レンジ使用可 ⓑヒツジ皿17,500W　お客さんからリクエストが多く急遽作られたお皿。使いやすい22cmサイズ ⓒロブスターラグ29,000W　46×60cmのジャカードラグ。裏は滑り止めつきで安心 ⓓオーバル皿19,800W　フルーツ柄って無条件に可愛い！ ⓔグラス17,800W　ヨーグルトやシリアル入れとしても使えそうなガラスカップ ⓕスープボウル16,000W＋プレート13,000W　スープ専用の器で飲むといつもより特別感が増し増しに♪ ⓖパスタボウル24,000W　少し深みのある食器はパスタやサラダなどに大活躍間違いなし

50～70年代もののヴィンテージアイテムにわくわくが止まらない

RETRO VINTAGE SHOP ④

SAMUEL SMALLS

ドイツ、イタリア、フランスなどのヨーロッパヴィンテージアイテムを中心に小物～大物家具をラインナップ。シンプソンズやトムとジェリーなどおなじみのキャラものも多数！

パッケージからキュートな靴下

これでコーヒー飲むとどんな気分だろう？(笑)

ⓐ ⓑ ⓒ ⓓ ⓔ ⓕ

ⓐコーヒーポット155,000W　猫の足から注がれるとはシュール！　もちろん頭も外れます ⓑ目覚まし時計145,000W　腕や足を動かすことができるドイツ製のプラスチックアラーム時計 ⓒ壁かけ時計290,000W　ネオンライトがお部屋をいい雰囲気に ⓓミニ冷蔵庫320,000W　0.33リットルの缶またはボトルを6本収容できるサイズ ⓔ寿司ボックスソックス43,000W（3足セット）くるくる巻くと寿司、履くと幾何学模様の靴下に！ ⓕゲームオーバーソックス22,000W　インベーダーの総柄でゲームの世界を再現

SAMUEL SMALLS

사무엘스몰즈／サムエルスモルズ

☎02-2135-5655 城東区練武場路5ガキル25 SKV1タワー地下1階B107 11:00～18:30 休なし 地下鉄2号線聖水駅3番出口から徒歩約2分 samuel_smalls_

雑貨もキュート！聖水洞で超絶スタイリッシュなチーズ専門店

RETRO VINTAGE SHOP 5

YOUR NAKED CHEESE

チーズとワインが堪能できるレストランの一角に雑貨コーナーが。グロサリーでもあり、チーズや雑貨の販売もしています。長テーブルでとても開けた空間は会話も弾みそう！

ⓐ

イートインもテイクアウトもOK

ⓒ

オブジェかと思ったら実は…

ⓑ

本物みたいで食べたくなっちゃう！

ⓓ

ⓔ

ⓕ

YOUR NAKED CHEESE 聖水店

유어네이키드치즈 성수점
／ユオネイキドゥチズ ソンスジョム

☎02-2124-0924 🏠城東区往十里路10キル6 🕘12:00～23:00 ㊡月曜 地下鉄2号線トゥクソム駅7番出口から徒歩約3分 yournakedcheese

ⓐチーズ詰め合わせ25,000W　大人気メニュー。シーズンごとにリニューアルするので何度でも通いたくなる ⓑチーズナイフ 1本20,000W　実はねずみが持ち手のナイフ。セットで購入してインテリアにも ⓒ保温保冷バッグ10,000W　生肉ドーンが斬新で◎ ⓓキャンドル各2,500W　本気で間違えてしまいそうなビジュアル。ミニミニサイズも可愛い ⓔマグカップ25,000W　チーズイラスト入りのミルクガラスマグ。色違いでミントカラーも ⓕネイルステッカー12,000W　爪の先までチーズ狂のあなたに♥

ヴィンテージコレクターの店主が集めた韓国レトロな世界観

懐かしの
日本のグッズも
並んでます

RETRO VINTAGE SHOP 6

ホコリ商店

コレクターの店主が韓国や日本を始め、世界中から集めたビンテージ品の数々はどれも貴重。ニュートロではない、貴重な韓国リアルヴィンテージを体感できるショップです。

What's “ホドリ”？

未だに根強い人気を誇る、1988年ソウルオリンピックのマスコットキャラクター。1988年生まれであるBIGBANGのG-DRAGONとTAEYANGも、ユニット曲の衣装にホドリのキャップを取り入れていました。

昔の週刊誌
「サンデーソウル」！

ⓐ

ⓒ

ⓓ

ⓑ

ⓔ

あふれるホドリ愛がすごい！

ⓕ

PKP's comment

店主さんに色々
尋ねてみて！

「ホドリをきっかけにSNSで知り合った店主さんとは日韓のヴィンテージ情報を交換し合う仲に。とても詳しいので、気になることを聞いてみると新たな発見があるかも！」

ⓐサンデーソウル各50,000W　1968～91年まで刊行されていたヒット週刊誌 ⓑグラス各9,500～20,000W　80～90年代の韓国ドリンクのロゴ入り ⓒオブジェ（非売品）韓国伝統のモチーフとホドリが似合ってる！ ⓓ箸＆スプーンセット28,500W　持ち手のホドリがキュート ⓔ陶磁器セット350,000W　数量限定で生産された貴重な一品 ⓕグラス各35,000W　オリンピック競技をするホドリが描かれたグラスは当時のノベルティーでレア！

ホコリ商店

호코리상점／ホコリサンジョム

☎0507-1337-7910 麻浦区圃隠路119 13:00～20:00 ㈱月・火曜 地下鉄6号線望遠駅2番出口から徒歩約9分 hokori_store

ART SHOP ①

0.1

姉ジヨンさんが身体を、妹ジウォンさんが顔を描く姉妹ユニット。「0.1」という名前もヨン=0、ウォン=1に由来しています。人気小説『アーモンド』の表紙でイラストをご存じの方も多いはず。無表情が鮮烈な印象を与えます。

クリエイターインタビュー P130

一度見たら忘れない印象的なイラストを共作する姉妹ユニット

撮影：object 西橋店

写真奥が姉のジヨンさん、手前が妹のジウォンさん。光が差し込む明るいアトリエです。

人気のステッカーはマストバイ！

ⓐ

ⓑ

うらやましいほど
仲良し姉妹

「あまりにも2人が仲良しだったので思わず「ケンカすることはないんですか？」と尋ねたところ、「一度もないんです～」の声が同時に返ってきてびっくり。本当に息がぴったりです♪」

ⓗ

ⓖ

ⓕ

ⓔ

ⓓ

ⓒ

ココでも買える！
object 西橋店 ⟹ P36
YOUR-MIND ⟹ P102

0.1

영점일／ヨンジョミル

☎なし 🏠麻浦区ソンミ山路29キル30-3 201 ⊙予約制（InstagramのDMまたはメールにて訪問可能か問い合わせ）🚉京義中央線加佐駅1番出口から徒歩約11分 ◎0choo、1choo

ⓐステッカー（4枚セット）3,000W、ⓑステッカー（2枚セット）2,500W 「the object」とのコラボアイテム ⓒポストカード3,000W 日付や天気、テキストが書き込める欄アリ ⓓポスター15,000W 「学校めんどい」と思ってそうな表情が魅力的 ⓔブックマーク各6,000W 長く使える布製のしおり ⓕステッカー1,000W 少し大きめサイズの顔シール ⓖステッカー（2枚セット）1,000W 6種展開アリ ⓗステッカー（5枚セット）4,000W 貼ってはがせるリムーバブルステッカー

イラストレーションやデザイン性の高いアイテムは、もはやアート！見た瞬間に、「あの作家さんだ！」とパッとわかるものが多いのも特徴です。

常設で作家のイラスト展示を行うギャラリー&ショップ

ART SHOP 2

INOURMANSION

ここでしか取り扱いのない作家さんも多く抱えるセレクトショップ。お店の奥にギャラリーを併設しており、展示期間は20日前後。毎回新たなアーティストに出会えるのも楽しみの1つです。ステッカーやポストカードが特に人気だそう。

＼ギャラリーも見ごたえあります！／

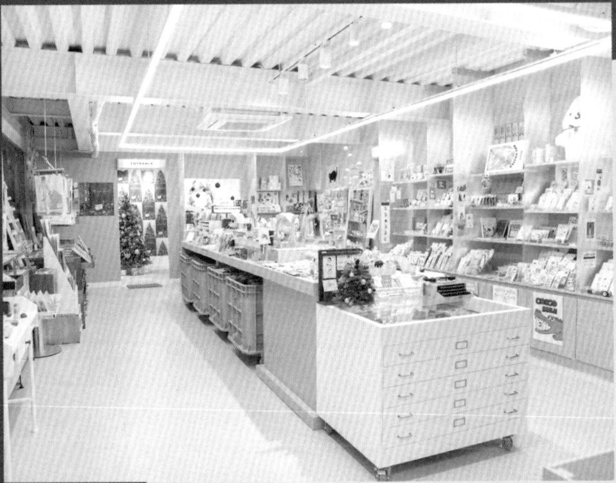

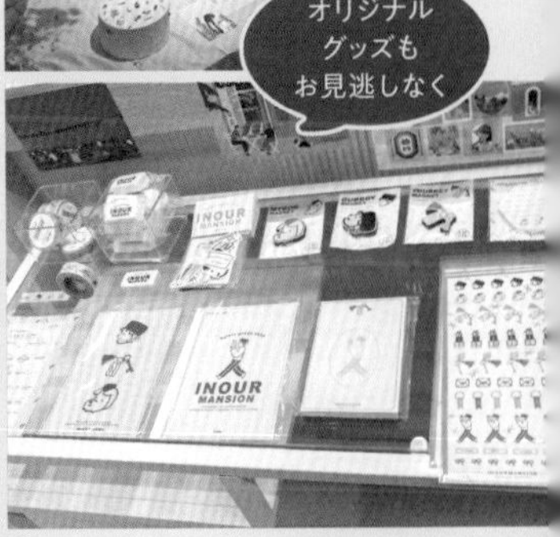

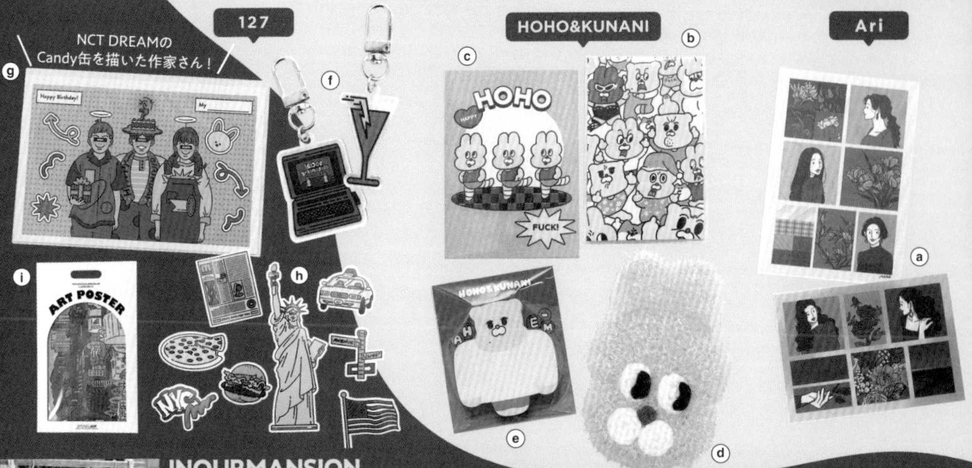

127
＼NCT DREAMの
Candy缶を描いた作家さん！／

HOHO&KUNANI

Ari

INOURMANSION

인아워맨션／イナウォメンション

☎02-579-3104 ⌂江南区論峴路26キル40 2階 ⏲12:00～20:00 ㊡月曜 地下鉄3号線メボン駅4番出口から徒歩約6分 inour.mansion

ⓐステッカー（2枚セット）各3,000W　秋の花をイメージした大人っぽい雰囲気 ⓑ漫画『七UCK』6,500W ⓒポストカード3,000W　パンチがあって愉快な柄 ⓔポーチ7,000W　HOHOの目のギョロッと感がすごい ⓔふせん5,000W　やたらと肩幅の広いKUNANIにジワります ⓕチャーム各8,000W　ジッパーや鍵などに ⓖポストカード2,000W　My○○と書き込めるバースデーカード ⓗステッカー（8枚セット）6,000W　USAモチーフのトラベルステッカー ⓘポスター18,000W　夕暮れが美しい。お部屋を彩ります

新進気鋭のアーティストの作品をCHECKするならここ！

CAVA LIFE

界隈でジワジワ熱くなっている世界各国のアーティストが大集合！2018年にスタートし、現在では150人のアーティストによる500以上の作品を販売。日常生活で「使えるアート」をお届けするツウ好みなお店。

椅子などの家具も取り扱いアリ！

nff

e

NCTやaespaも衣装で着用！

d

f

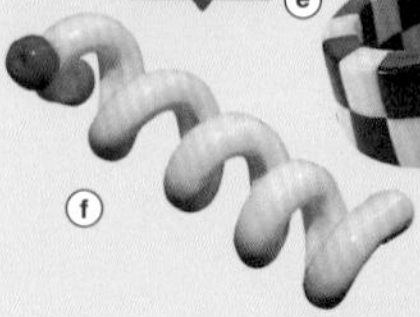

anti_fragile

g

SAY TOUCHE

a

一見、絵のようだけど…

c

b

CAVA LIFE

카바 라이프／カバライプ

☎070-8861-6884 龍山区漢江大路280-2 3階 14:00～19:00 ㊡金～月曜 地下鉄4号線淑大入口駅6番出口から徒歩約1分 cava.life

ⓐミラー160,000W　映すものすべてが絵画になるデザインはとっても粋！ ⓑお香立て138,000W　ブラウン管テレビモチーフが逆に新しい。NO SIGNALはリアルです（笑） ⓒブランケット280,000W　180×137cmのビッグサイズ。テーブルクロスやベッドスプレッドなどに最適 ⓓリング34,000W、ⓔリング35,000W　アーティスト使用率高め。複数買いしてじゃらじゃらつけるのが可愛い ⓕリングラック42,000W　指輪立てにもお香立てにも使える、なるほどなデザイン ⓖオブジェ68,000W　お菓子を入れてもOK。お部屋にさりげなく置いて気づかせたい

ART SHOP ④

Artist Proof

チェ・キョンジュさんのプリンティングレーベル。シルクスクリーンによるファブリックやオブジェなどを手がけます。色や形が折り重なってできたテキスタイルは、他の何にも代え難い存在です。

シルクスクリーンで紡ぐ何層にも重なったオンリーワンのデザイン

ⓐ

両面印刷で柄が異なるコースターは同じものが1つとしてない！

撮影：KioskKiosk

特に人気の高いショルダーは絶対欲しい

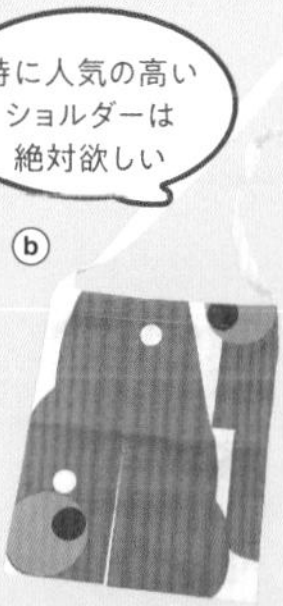

ⓑ

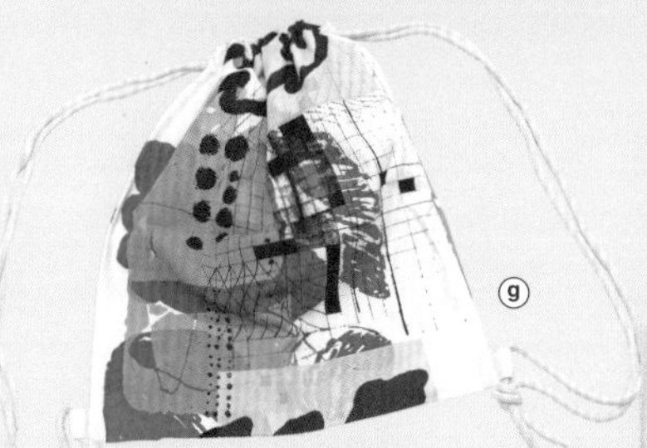

ⓖ

めちゃめちゃ手の込んだ一品

人とかぶらないデザインで差をつけて

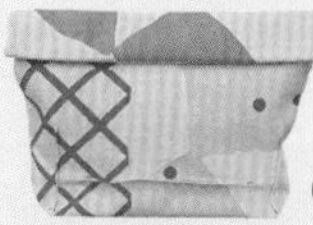

ⓔ

ⓕ

ⓒ

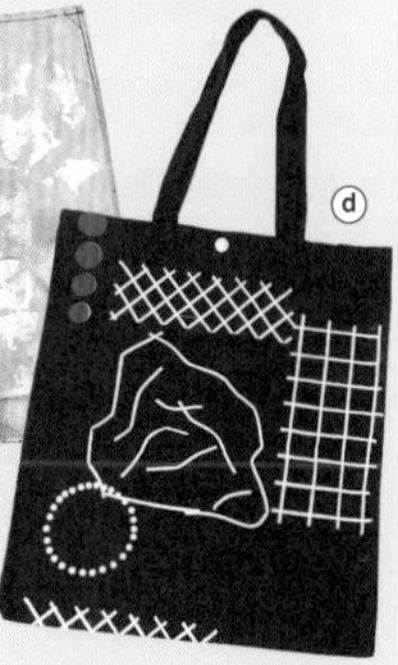

ⓓ

ⓐコースター（3枚セット）各21,000W　表裏で6通りの柄が楽しめる ⓑショルダーバッグ45,000W　シンプルな服に合わせてバッグを主役にしたい♪ ⓒトートバッグ210,000W　ドラマー＆作曲家とのコラボ作品 ⓓトートバッグ52,000W　少し大きなものもスポッと入る42×50cm。スナップボタンの黄色も効いてます ⓔクラッチバッグ20,000W　マジックテープで開閉できてカジュアルに使える ⓕラグ140,000W　90×70cmで玄関マットにちょうどいいサイズ。裏面は滑りにくい仕様に ⓖナップサック86,000W　作業中にできたさまざまなデザインを6回レイヤーしてできた作品。キャンバス地なので作りも丈夫

AP SHOP

에이피숍／エイピ ショプ

☎070-8808-3330 西大門区延禧路28キル18 非定期のスタジオオープン日はInstagramにて告知 地下鉄2号線・空港鉄道弘大入口駅3番出口から徒歩約30分 artistproof_studio

ココでも買える！

KioskKiosk → P38
CAVA LIFE → P70

UNIQUE SHOP 1

KKOTBATT

あらゆる作家の個性が際立つラインナップがとってもユニークで見応えアリ。毎週水曜日に新作を投入するので、いつでも新しいアイテムをキャッチできます。

毎週新作を追加！独特の感性を放つアイテムに出会える

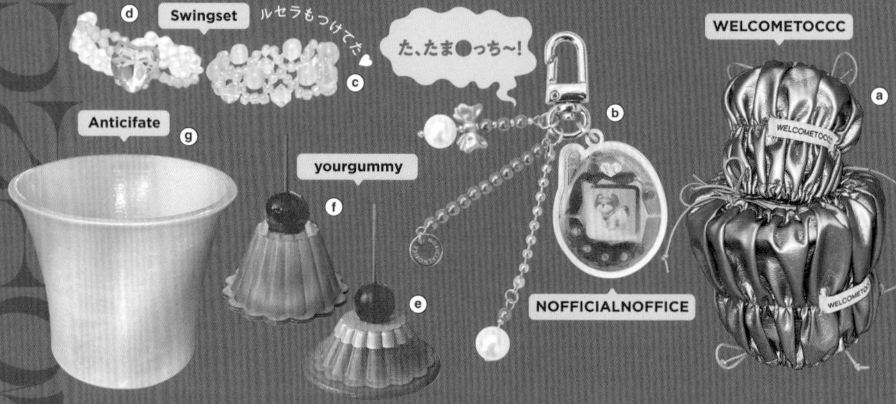

ほかではなかなか手に入らなそうな貴重なアイテムがてんこもり！「それどこで買ったの？」と尋ねられたらドヤりましょう（笑）。

ⓐプランターカバー(小)25,000W、(大)29,000W　メタリックカラーでお目立ち度大。シャーリングでニュアンスづけも ⓑキーリング25,000W　キッチュなたま●っち風ストラップはポケットからゆらゆらさせたい！ ⓒビーズリング10,000W、ⓓハートビーズリング18,000W LE SSERAFIMのPINK MUSKコンセプトでもSwingsetの指輪がチラリ ⓔピンクプリンホルダー49,000W、ⓕグリーンプリンホルダー52,000W　プリンの上部が外れてアクセサリーなどを入れられる ⓖフラワーベース47,000W　オーロラに輝いていてとってもきれい。メイク道具やペン立てとしてもOK

KKOTBATT

꽃밭／コッバッ

☎なし 🏠中区乙支路18キル10 3階 ⏲12:00〜20:00 ㊡月曜 地下鉄2・3号線乙支路3街駅7番出口から徒歩約3分 @kkotbatt

UNIQUE SHOP 2

ANALOG NEVER DIES

光が差し込む内装もおしゃれな店内は、半分がand coffeebarとなっていてコーヒーや軽食も楽しめてチルできちゃう。雑貨は半年ごとに変わるそうなので次回はお目にかかれないかも？　一期一会です！

半年ごとにアーティストを発掘して展開するカフェ併設の空間

バランス感覚

しっぽが長めです

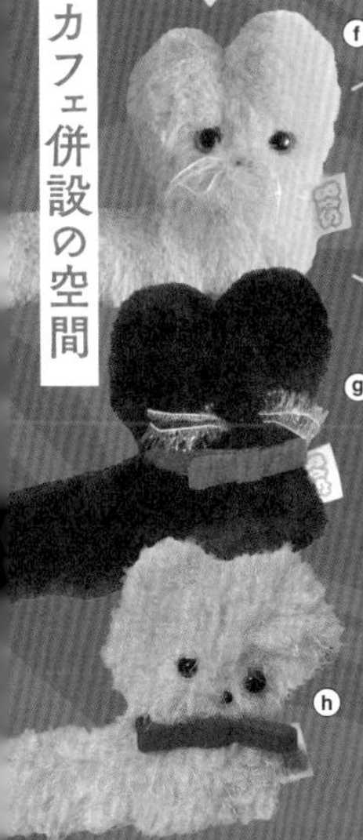

SARANGBANG

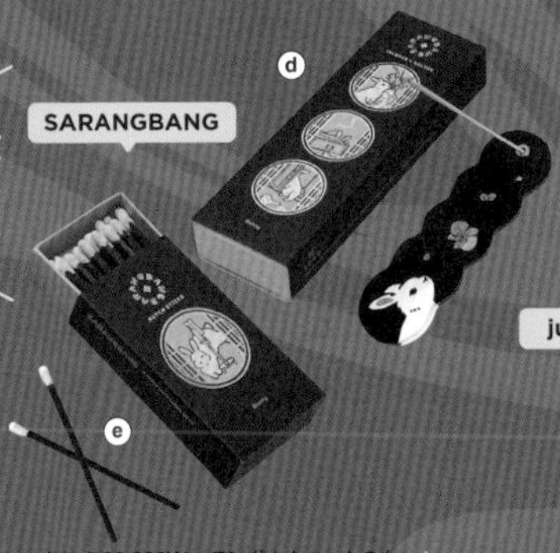

objee ceramic

ハートの連鎖で幸せいっぱい

jumpjumpheart

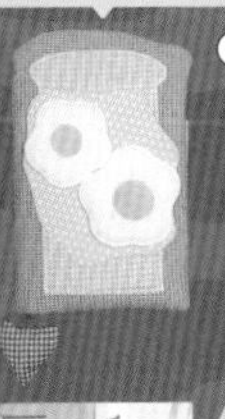

ANALOG NEVER DIES

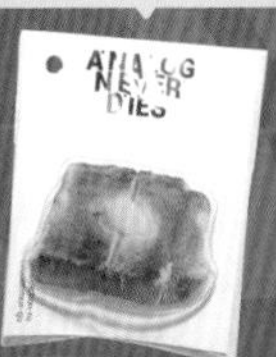

ⓐハート皿各30,000W　ランダムなハートのお皿はそれぞれ一点もの ⓑグリップトック18,000W　焼き立てのトーストを見ているとお腹がすいてきそう… ⓒ日記カバー56,000W　ひと目でわかるハンドメイド感が可愛い♡　ⓓお香＆お香立てセット23,000W　卯年にぴったりなお香セット。さわやかなローズマリーから徐々にウッドの香りへ ⓔマッチ5,500W　ぜひⓒのお香セットと一緒にGETして ⓕⓖⓗぬいぐるみ58,000～ 62,000W　長めのしっぽはバッグの持ち手などに巻きつけられます

ANALOG NEVER DIES

아날로그 네버 다이스／アナログ ネボ ダイス

☎0507-1425-7687 西大門区新村路57 3階301号 13:00～21:00 ㊡火曜 地下鉄2号線新村駅1番出口から徒歩約5分 and_lifestore

出しものGETの旅

UNIQUE SHOP 3

東大門総合市場

韓国の市場といえば食べ物をイメージする人も多いですが、実は雑貨も豊富。お店がギュギュギュっと集まっているので、時間を忘れるほど見入ってしまうなんてことも。基本は現金購入なので、準備してGO！

동대문종합시장／トンデムンチョンハップシジャン
☎02-2262-0114 🏠鍾路区鍾路266 🕗8:00～19:00(店により異なる) ㊡日曜 地下鉄1・4号線東大門駅9番出口から徒歩約2分

クマだけでもこんなに！　目の位置などの個体差もアリ

あみあみ系もありました

清渓川沿いにドドーンとそびえ立つ大きな建物。手芸ファンや各国のバイヤーにはおなじみの生地やアクセサリーパーツの卸問屋ビルです。A～C、Nの4棟にわかれていて、アクセサリーパーツは主に5階。今回の戦利品はB棟で調達！　所狭しと軒を連ねていて、お店によって商品も異なるため、色々と見回るべし。お店の上には店名と棟のアルファベット&番号が書かれているので、そちらを目印に。商品に金額は書かれておらず、まとめ買いすると値引きしてくれることも。とにかく安い。

戦利品はコチラ！

留めパーツもお店に売ってる！

クロックスを盛り盛りに！

クマの顔の後ろに黒い留め具(別売り)を接着剤でつければオリジナルのクロックスパーツのできあがり！　違う種類を盛っても可愛い。1個あたり2,000W～

ブレスやチャームに変身！

ビーズを組み合わせれば、作れるバリエは無限大！1袋あたり約2,500～4,500W

いろんなクマ

いろんなビーズ

GET!

＼ユニーク雑貨はココにあり！／

市場に潜入調査！掘り

UNIQUE SHOP ④

東廟蚤の市

동묘 벼룩시장／トンミョ ピョルックシジャン
☎なし 🏠鍾路区鍾路58キル一帯 🕘9:00～18:00（店により異なる）㊡なし（店により異なる）地下鉄1・6号線東廟前駅3番出口から徒歩約1分

おじさんとおしゃれな若者が交錯するガラクタ市場

どうやら週末が賑わっているらしいと聞きつけ繰り出すと、3番出口の地上付近にはおじさんが大集合。フリマよりはガラクタ寄りの「これ誰が買うんだろう？」と思われる品が大量に並んでいて見応えがあります。でもきっと誰かにとっては掘り出しもの！ 大音量で流れるトロットをBGMにぜひ雰囲気を楽しんで。しばらくまっすぐ歩いて右の細い路地に入ると戦利品をGETしたピンバッジやワッペンを売っているお店が！ 最近は路地にヴィンテージショップが増え、おしゃれな古着も手に入ります。

どこから調達したか謎なテープの山ときどき接着剤

どこかの食堂に飾ってた？なサムギョプサルの看板

大量の鍋や食器や靴が無造作に！
鍋のフタだけ
売っているところもアリ

ピンバッジは
ここで調達
できました！

戦利品はコチラ！

GET!

ホドリピンバッジ

軍楽隊＆海兵隊ピンバッジ

きた！

P67にも出てきたホドリはコレクターもいる人気キャラ。推しが軍楽隊＆海兵隊に配属されている方はピンバッジでアピールして！　1個あたり3,000W～

室内だから雨でも安心！ 味わい深いアイテムが多数とりそろう

UNIQUE SHOP 5

ソウル風物市場

서울풍물시장／ソウルプンムルシジャン
☎02-2232-3367 ⌂東大門区千戸大路4キル21 ⊙10:00～19:00（店により異なる）㊡火曜 地下鉄1・2号線新設洞駅9番出口から徒歩約3分

天候に関係なく楽しめる屋内型の常設蚤の市。2階建てに900店舗あまりが並び、色でエリアが区別されています。ここで購入を勧めたいのが2階の藍色の区域で販売している「ポンチャックマシーン」ことラジオつきMP3プレイヤー。ポンチャックとは歌謡曲と演歌が混ざりあったような韓国音楽ジャンル。それをはじめ、トロット、懐かしの7080や歌謡曲、クラシックまで幅広く収録されたSDカードが入っています。ほかにも、カセットテープや韓国シニアに大人気の社交ダンスのDVDなど、思わずジャケ買いしたくなるアイテムが満載！

映像が出る ver. も！
視覚的にも楽しみたい方へ

これがウワサの
「ポンチャックマシーン」

電池の確認など丁寧に対応してくれるので、購入の際は時間に余裕を持って行くこと！

CD、カセット、USBなどのあらゆる
メディアで展開。USBタイプは
ポンチャックマシーンやPCに挿すことも可能

GET!

戦利品はコチラ！

ヒット曲満載のUSB

左はシニアが観光バス内でカラオケやダンスを楽しむ「観光ディスコ」時の定番曲を収録。右は韓国で社会現象を起こしたイム・ヨンウンなど。各20,000W～。お気に入りの曲がある場合は店主に尋ねると探してくれるかも

ポンチャックマシーン

約35,000～55,000W。だいたい6000曲以上は収録されているので、エンドレスに楽しめて飽きがこないはず。USBケーブルによる充電式なのも嬉しい

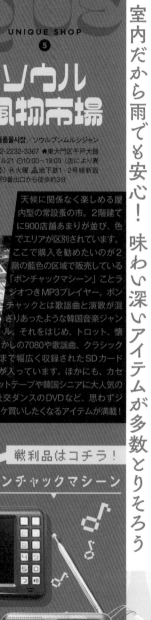

600年もの歴史を誇り、常に活気あふれるソウル最古の市場

UNIQUE SHOP 6

南大門市場

남대문시장／ナムデムンシジャン

☎02-753-6016 ⌂中区南大門市場4キル21 ⏲8:30～18:30（店により異なる）㊡日曜 地下鉄4号線会賢駅5番出口から徒歩約1分

日中はたくさんの人でごった返す、数千軒ものお店が大集合している市場。食料品や雑貨、アクセサリー、子ども服など本当に「なんでもある」スポット！　その中でぜひ購入してほしいのが、とってもあったかい靴下「ポソン」です。韓服を着るときにはく足袋のことですが、オンドル（床暖房）がない日本ではあったかソックスとして人気。ダサい柄が大半を占めますが（笑）、よーく探すと足首がヒョウ柄になっているものや、レトロ可愛い花柄やドットなども。カラバリもあるので店主に尋ねてみて！

朝早めの時間に行くと空いていて見やすい◎

靴下をたくさん売っているお店にポソン発見！

E棟の細い路地をまっすぐ入っていくと右手にお店が出現。ディスプレイされていないこともあるので「ポソンジュセヨ（ポソンください）」と言ってみよう

戦利品はコチラ！

履いた瞬間からびっくりするほどあったかい！　末端冷え性の人には必ず試してほしい逸品。1足あたり約4,500W～

あったかソックス「ポソン」

\ 昭和レトロ風な /

映えスポット

も見逃せない！

風物市場2階奥にある1960～70年代の商店街の雰囲気を再現した「青春一番街」エリア。思い出にパチリといかが？

理髪店

写真館

ゲームセンター

ロッカールーム

懐かしの教室

喫茶店

レコード屋

文房具店

撮影：KT&G サンサンマダン
레트로なデザインのアイテムにそそられる！

CHAPTER 04 ─ (08)

"한글《ハングル》モチーフ"編

HANGUL MOTIF

韓国雑貨というからには、やっぱりハングルものも気になる！　正統派というよりは、「そう来たか！」というアイテムがそろいました。

PKP's comment

ビビットな色みと
レトロな書体が面白い

「赤・青・黄などの鮮やかな色に昔ながらのフォントのハングルが合わさったデザインがユニーク！　毎年発売されるカレンダーはお気に入りで、自宅に飾っています。」

HANGUL MOTIF SHOP 1

アムゲシ

懐かしさとちょっぴりスパイスの効いたステーショナリーたち

韓国のレトロな雰囲気とB級感を突き詰め、あえて"ダサくていいもの"を作っています。その絶妙なダサさにツボる人が多く、たくさんのお店で目にする機会が多いのも特徴。

昔流行った「○○の手紙」がモチーフ！

ⓒ ⓑ

毎年
発売するカレンダーも
大人気アイテム！

ⓐ

ⓑ封筒2,500W　「幸福の封筒」と名づけられたこちらは、書類入れに使われていた野暮ったい素材をあえて使ったこだわり品 ⓒハングルステッカー3,500W　ドラマなどで犯人が送る文字の切れ端で作った手紙がすぐに再現できるステッカー。キュートでポップな仕上がりに

ⓐキーリング各7,000W
人生で欲しかったor既に持っていて大切なもので作られたシリーズ。「健康」「義理」「野望」あなたはどれがいい？

アムゲシ
아무개씨／アムゲシ
ahmugae_c

ココで買える！
10×10 ⇒ P42
KT&G サンサンマダン ⇒ P44

HANGUL MOTIF SHOP 2

明洞観光情報センター

駅名や情報収集だけじゃない！隠れた雑貨屋かも?!

ⓐ

地下鉄に乗ると
見かける駅名が
キーホルダーに♡

道に迷ったときや、どこか観光するのにいいところないかな？　など困ったときに頼るイメージですが、実はありそうでない駅名モチーフのアイテムが！　何気にめちゃくちゃ可愛いです。

ⓐキーホルダー各5,000W　写真のほかにもたくさんの駅名があるので、なじみのある1つをぜひお持ち帰りして ⓑルーペ22,000W　なんと駅名の入ったルーペ！　家族や親戚へのお土産にいかが？ ⓒマグネット(3個セット)12,000W　旅行先のマグネットを集めている人に刺さりそうなアイテム

明洞観光情報センター
명동관광정보센터／
ミョンドングァングァンジョンボセント
☎02-778-0333 中区乙支路66 9:00～18:00 ㉁無休 地下鉄２号線乙支路入口駅５番出口から徒歩約３分 ticmyeongdong

ⓒ

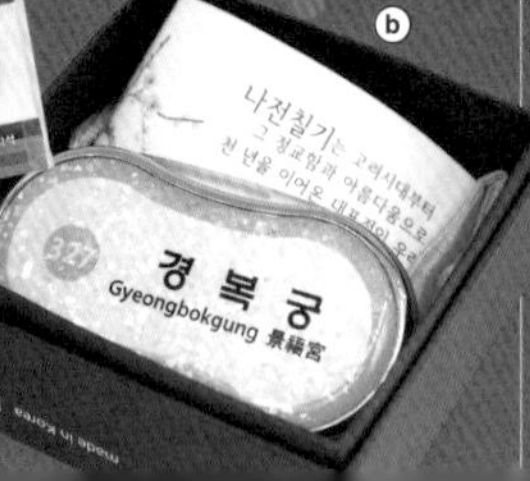

ⓑ

HANGUL MOTIF SHOP 3

スタンプママ

あらゆる国から集めたスタンプやインク、ハガキ、カードなどが並び、見ているだけでも興味深い。ハングルスタンプはなかなか売っているお店を見かけないので、欲しい方はぜひ！

組み合わせて好きな言葉を作ってみよう♪

\ いろんな書体のハングルスタンプが至るところに！ /

ⓐスタンプパーツ20,000W アクリルブロック(別売り)に貼りつけて使うタイプ ⓑハングルスタンプ16,500W 丸文字で愛嬌あふれるメッセージを

文具好きにはたまらないハングルスタンプが豊富にそろう

\ お店の奥ではワークショップも開催 /

1dayクラスからプロコースまであるので、気になる方はインスタをチェック！

スタンプママ

스탬프마마／ステンプママ

☎02-3142-0971 🏠麻浦区ワールドカップ路2キル82 2階 ⏲11:00～18:00 ※祝日は13:00～18:00 ㊡日曜 地下鉄2号線・空港鉄道弘大入口駅3番出口から徒歩約2分 stampmama_official

HANGUL MOTIF SHOP 4

芳山総合市場

製菓材料、リボンやビニール袋などの包材、キャンドルの材料などを扱う卸売店や小売店が集結。A棟脇の小道を入っていくと韓国らしいハングルのアイテムに出会えました。

芳山総合市場

방산종합시장／パンサンジョンハップシジャン

☎なし 🏠中区東湖路37キル一帯 ⏲月～金曜／9:00～18:00、土曜／9:00～15:00(店により異なる) ㊡日曜 地下鉄2・5号線乙支路4街駅6番出口から徒歩約4分

メダルクッキーカッター5,000W 「よくできました」「賞」の2個入り。写真左のパーツを使うと首から提げられるタイプが作れます

自分をホメてあげたいときに使おう！

製菓材料やラッピング用品のお店が軒を連ねるエリア

アート作家とアイドルのアートワーク、実はとっても関係が深い件

K-POPは音楽やパフォーマンスだけではなく、作り込まれたビジュアルやコンセプトも魅力的。そんなアイドルのアートワークは、作家さんとのコラボも多いんです。見慣れた推しのMVやジャケットも、これを知ったらまた新鮮な気持ちで楽しめそう♪

ぬいぐるみ作家 TIRORISOFT

脱力系の可愛らしさとユニークな個性を兼ね備えたぬいぐるみを数多く制作。このぬいぐるみがフックとなって、ただ可愛いだけじゃない不思議な世界観を演出します。

Red Velvet「Birthday」MV衣装制作

リアルな動物の着ぐるみやアニメとの融合に引き込まれるMVで、メンバーがTIRORISOFT制作のアニマルキャップを被って登場！

ITZY「Cheshire」MV小道具制作

"TRUE OR FAKE?"というコンセプトで、不思議な出来事が次々と起こるMV。レインボーのハンドパペットも、どアップで映ります。

TIRORISOFTのアイテムはP38「KioskKiosk」で買える!!

イラストレーター 127

P69「INOURMANSION」でも人気が高い作家さん

NCT DREAM「Candy」CDジャケットイラスト

127によるクリスマスイラストが描かれたティンケースの中に、ミニCDやフォトブック、オーナメントが入っているスペシャル盤。雑貨みたいなアルバム、あまりにも可愛すぎる…！

ポップな色づかいと、人物の目を文字で隠す作風が印象的なイラストレーター。スターバックスやSAMSUNGなど、数多くの名だたる企業とコラボしています。

CHAPTER 05

これ、欲しかったやつ〜！ …

気になるアイテムから探す
雑貨カタログ

引っ越したばかりで食器が欲しい人、メイン使いもできる
可愛いトートバッグが欲しい人。今欲しいモノから
雑貨を探したい人もいますよね。そこで、見比べて吟味できるように
各ブランドから同じアイテムを集めてみました♪

セラミック雑貨編

CELAMIC

日本では「セラミック」と聞くと歯のイメージですが、ハングルで「#세라믹」と検索すると、可愛い陶器がたくさんアップされています♡

おしゃれな人たちは
グラノーラボウルにしてた！

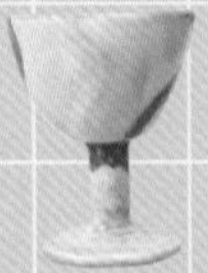
ⓔ

ⓓ

ⓒ

持ち手のゴールドがポイントです

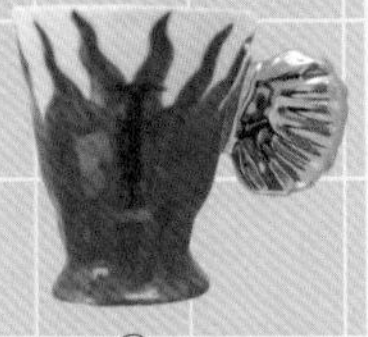
ⓐ

ⓑ

カラバリもたくさんあるから迷っちゃう！

ⓕ

NIGHTFRUITIの妖精(?)
"FRUITINKERBELL"

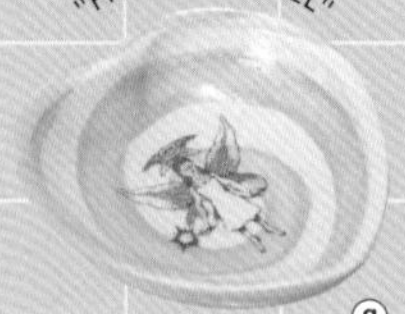
ⓖ

NIGHTFRUITI

ひと目でNIGHTFRUITIだとわかる
個性的なデザインが魅力。入店している
セレクトショップもかなり多い！

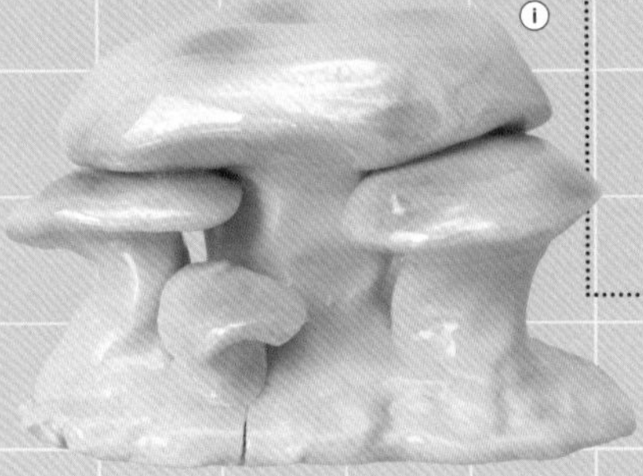
ⓘ

インテリアに個性を足すならこのオブジェ一択

満月イメージの
お香立て

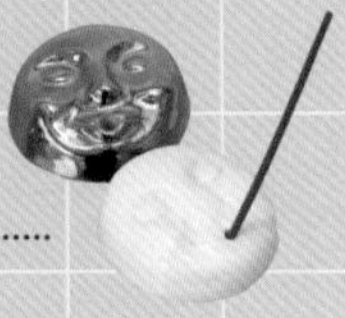
ⓗ

同じ作家さんが作るスタイリッシュなジュエリーも♡

ⓙ

指のデザインが奇抜でカワイイ

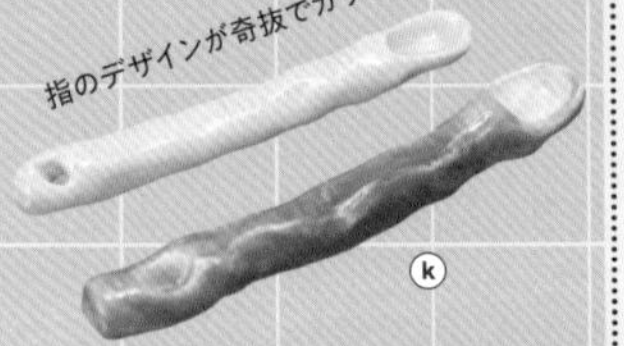
ⓚ

ⓐ－ⓚ

NIGHTFRUITI

나이트프루티／ナイトゥプルティ

☎0507-1318-5169 ⌂鍾路区大学路11キル41-6 2階 ◷月～土曜14:00～20:00、日曜／14:00～19:00 ㊡水曜 地下鉄4号線恵化駅4番出口から徒歩約4分 ◎nightfruiti

白を基調とした曲線デザインが美しい店内に、マグカップやプレート、オブジェ、アクセサリーなどがずらり。売り場の隣の部屋では、ワークショップも開催しています(P120)。

ⓐ妖精マグカップ70,000W "SHELL"シリーズは、貝の種類もいろいろ！ ⓑハートマグカップ74,000W ⓒハートスタンドボウル45,000W、ⓓ太陽スタンドボウル40,000W、ⓔウェーブスタンドボウル40,000W ブランドの定番形なので種類も豊富 ⓕピンククマボウル 95,000W カップ内側にはハートのペイントが ⓖプレート33,000W 小さめのお皿はアクセ置きにも最適 ⓗお香立て各15,000W ⓘキノコオブジェ60,000W ほかにもいろんなキノコあります ⓙリング 100,000～130,000W キラリと光るストーンがアクセント ⓚ指のスプーン各30,000W S字フックにかけるなど、上部の穴が収納性を抜群にアップ

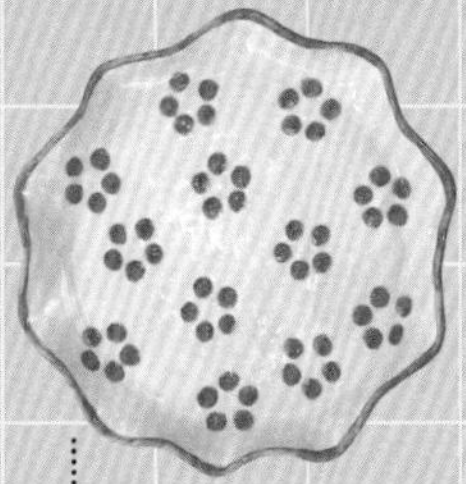

ⓝ

盛りつけも楽しくなりそう

ⓜ

yehhee!

親子のセラミック作家で、父親が成形・娘が着色を担当。世代を超えたコラボが独自性の高い作品を生み出します！

peng

ガラス瓶をアップサイクリングしているブランド。立体的なお花をあしらったアイテムは、AirPodsケースや鏡なども人気♪

お花×ベースカラーのパターンはいろいろ

ⓛ

ⓞ

よく見たら持ち手がハート

ⓟ

大きめサイズでたっぷり注げる！

ⓠ

色違いでそろえたい♡

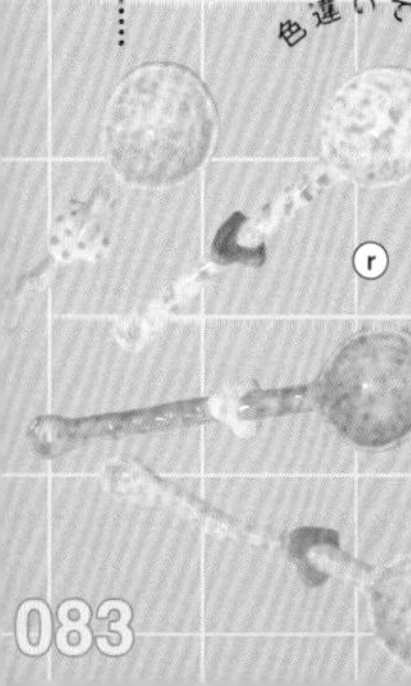

ⓡ

ギザギザがアクセントに

ⓢ

reve de terre

ベーシックな形に遊びゴコロをプラスしたテーブルウェアの数々はどんなインテリアともマッチ！

ⓣ

プレート部分にパンなどを乗せても◎

ⓛ－ⓣ

Studio Vannes

스튜디오 반느／ステュディオ バンヌ

☎02-499-9840 城東区往十里路14キル9 11:00～20:00 休月・火曜 地下鉄2号線トゥクソム駅1番出口から徒歩約3分 studio_vannes

作家のハンドメイド商品や、ライフスタイルブランド「same.d」「sunday morning plate」などがバランスよく並ぶセレクトショップ。シャビーシックなインテリアもおしゃれ！

ⓛフラワーベース各60,000W　口が広い方はペン立てとしても。デスクが華やかに ⓜⓝプレート各45,000W　フチのあいまいな曲線がユニーク ⓞⓟマグカップ各55,000W　表面の凹凸やスタンド部分など細部にまでこだわったデザイン ⓠマグカップ（ラージ）62,000W　ⓡスプーン各24,000W　同ブランドのプレートやマグと合わせて使いたい ⓢハートプレート68,000W　薄く、重ねて収納しやすいのも◎　ⓣプレート36,000W＋ボウル48,000W＋スプーン24,000W　スタンドボウルはお菓子などを入れておくストレージにしても可愛い

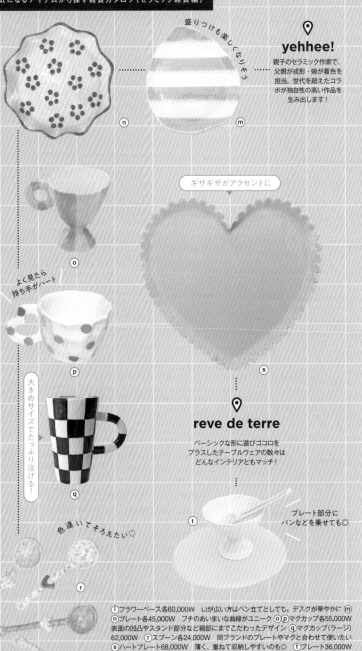

日本ではまだ取り扱いアイテム数が多くないあの海外ブランド、韓国にはショールームがあってお目当てのアイテムが手に入るかも！

KAPKA

トルコのホーローウェアブランドで、手作業で制作されているため一つひとつの表情が異なります。丈夫で身体に優しく、サステナブル。

ⓑ

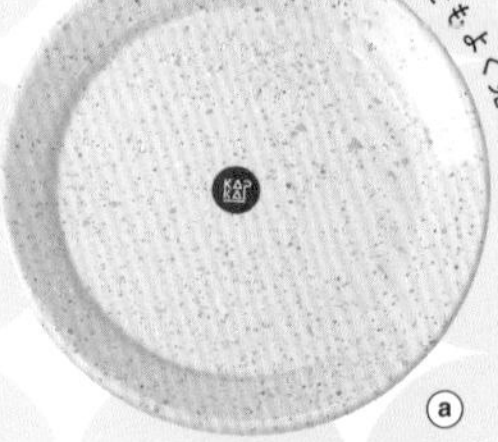

韓国インスタグラマーのSNSでもよく見るお皿！

ⓐ

韓国ならではの魅せ方がとっても素敵

「他の国の公式Instagramではスープやパン、サラダを盛りつけている写真が並んでいますが、KAPKA KOREAはキンパやトッポッキ、赤いラーメンなどが多くて大好きです！」

ⓓ

ⓒ

保冷性に優れているのでおうちカフェに♪

ⓔ

店内飲食はもちろんテイクアウトカップもKAPKA仕様♡

大容量のキャニスターは人気のツートンカラーで

ⓕ

バスルームで活躍するソープディッシュ！

ⓖ

ⓗ

ⓐ－ⓗ

DOVER VILLAGE

도버빌리지／ドボビリジ

☎02-533-2915 瑞草区都口路9キル 32 火～木・日曜／10:00～20:00、土・日曜／10:00～22:00 ㈭月曜 地下鉄4・7号線総神大入口(梨水)駅6番出口から徒歩約8分 kapka.kr

住宅街にひっそりとたたずむ穴場カフェは、まるで海外に来た気分に。KAPKAの食器で料理やドリンクを楽しめます。店内奥にある小部屋には、KAPKA製品が並んでいます。

ⓐⓑプレート各35,000W　KAPKAのアイテムはすべてホーロー製なのでオーブン・直火調理が可能で、電子レンジはNG ⓒココット16,000W　ディップソースを入れたり、スイーツ作りにも活躍しそう ⓓボウル37,000W　サラダを和えてそのまま器として食卓へ ⓔカップ各29,000W　保冷性・保温性どちらも優れているので時間が経ってもおいしく飲める ⓕミディアムジャー53,000W　ドライフードやハーブを保管したり、小物収納にも最適サイズ ⓖソープディッシュ29,500W　水切り穴があり、石けんが長持ちする実用アイテム ⓗトレー29,500W　深さがあるのでグラタン、揚げ物、フルーツなど万能

パステル×ビビッドな配色が絶妙！

ⓛ

マーブル柄は全く同じものがありません

ⓘ

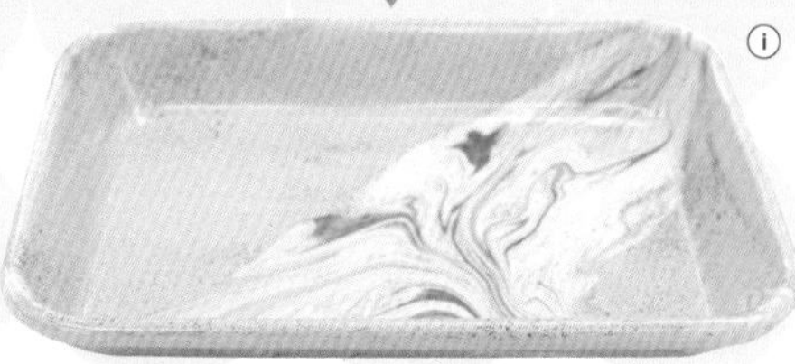

ⓚ

ⓙ

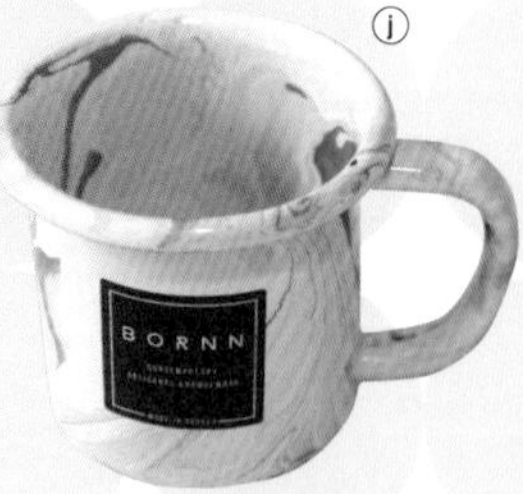

BORNN Enamelware

トルコ・イスタンブールの熟練した職人が手作業でつけているマーブル柄は、どれもオンリーワン。

ⓞ

ⓝ

ⓜ

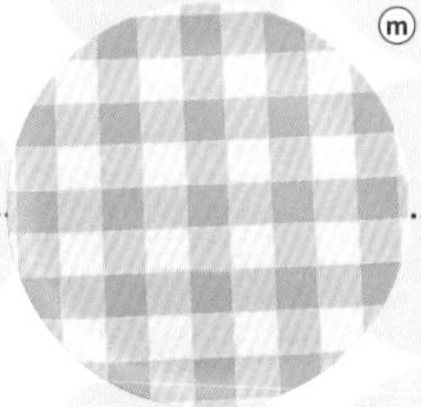

XENIA TALER

持続可能な素材の使用にこだわる、カナダ・トロント発のブランド。軽くて割れづらいので、アウトドアでも活躍！

原材料は竹、インクは大豆由来の自然に配慮したお皿

ⓠ

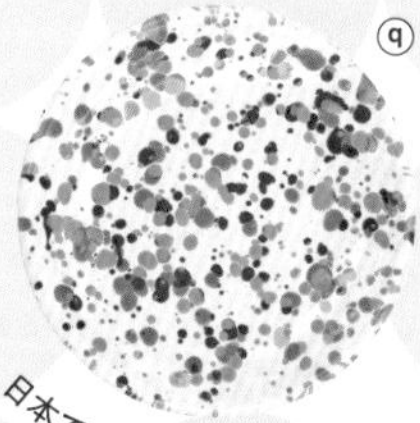

CROW CANYON HOME

絵の具が跳ねたような模様がブランドの象徴。韓国のホームカフェ投稿によく登場するので、韓国雑貨好きの間でも高い人気を誇ります。

ⓟ

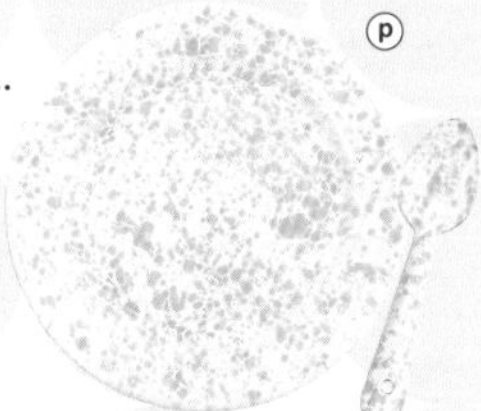

日本ではまだレアな“Catalina”シリーズ

CROW CANYONといえば このスプラッターパターン

ⓣ

ⓢ

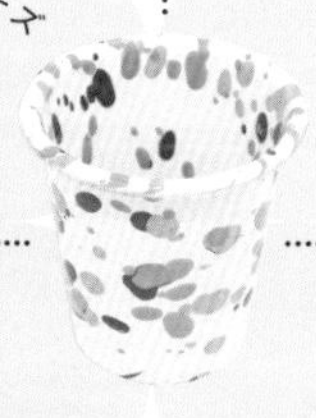

ⓡ

ⓘトレー70,000W　カップやミニトレーを乗せたレイヤード使いが上級者流 ⓙマグカップ32,000W　スープを飲むのにも十分な大きさ ⓚボウル35,000W　細かい斑点模様も可愛い ⓛカップ各29,000W ⓜⓝⓞプレート各20,000W　食洗器もOK。ひと回り大きいサイズ(24,000W)もアリ ⓟプレート20,000W＋スプーン9,000W　同じカラーでそろえて統一感を ⓠプレート29,000W ⓡトレー15,000W　ビビッドなブルーが存在感大 ⓢカップ21,000W、ⓣボウル24,000W　ベースはほんのりクリーム色。単色のスプラッターパターンとはまた違った風合い

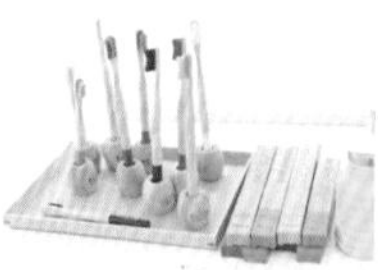

ⓘ－ⓣ

scope seoul

스코프서울／スコプソウル

☎0507-1424-5288 江南区島山大路27キル 23 11:00～19:00 休日曜 地下鉄3号線狎鴎亭駅4番出口から徒歩約7分 scopeseoul

CROW CANYON HOMEのショールームも兼ねる、海外テーブルウェアを中心に集めたセレクトショップ。柄の個体差が大きいブランドの商品は、実際に見て選べるのが嬉しい！

お香立て編

INCENSE HOLDER

コロナ禍におうちで過ごす癒やし時間が増えたことから、定番アイテムとなったお香立て。そのデザイン性の幅広さは無限大で、飾っておくだけでも可愛い！

KKOTBATT

P72

曖昧な色みとゴールドで上品インテリア

ⓑ
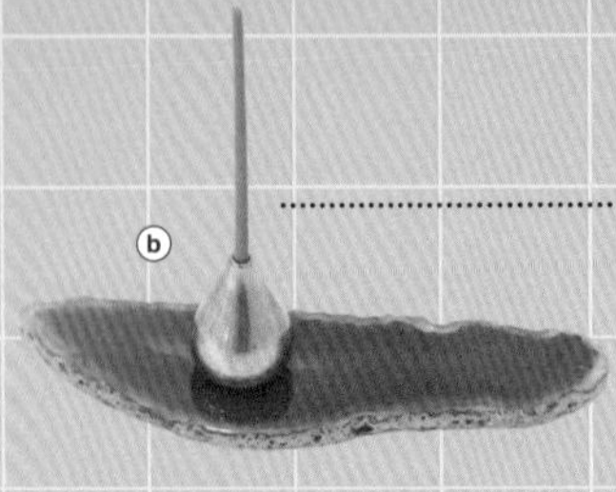

ⓐ

Blue Hour

ほかの作家さんから"おすすめの店"としても名前が挙がったブランドで、織物・タフティング・陶器と作品ジャンルは多岐にわたります。

ⓓ
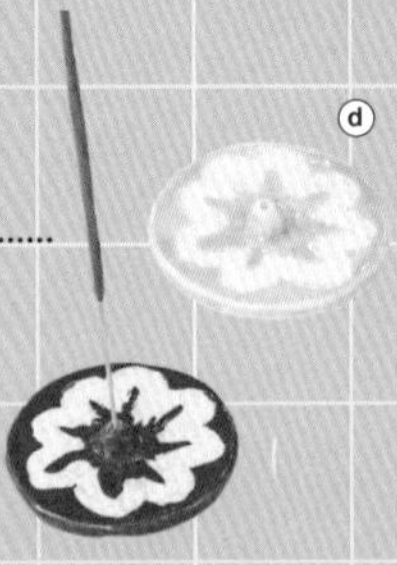

異素材が絶妙にマッチ

ⓒ
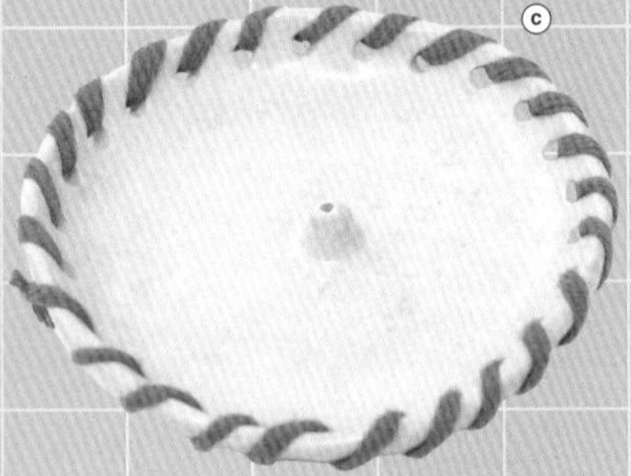

MNO

"MAKE NUMBER ONE"の頭文字で、海や水をモチーフにしたアイテムが揃います。

ⓘ
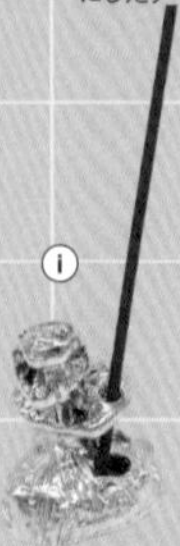

ⓗ
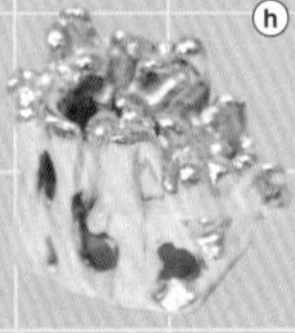

山があれば海も！
サンゴ礁モチーフのお香立て

geelok

レジンのオブジェは、光を浴びるとまた違った印象に。彩り豊かなほかのアイテムもチェック！

実在する韓国の山をイメージしたシリーズ

ⓖ

ponder and wonder

사유＝思惟による作品が사유＝私有物になって空間を作るというテーマを掲げたブランド。

ⓔ

布を折りたたんだような繊細なデザイン

ⓕ
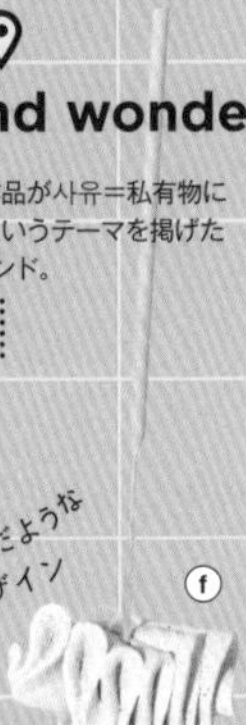

こちらも山脈をイメージ

登山が盛んな韓国ならでは？

ⓚ

ⓙ

eastsmoke

自然からインスピレーションを受けて制作する、概念的でユニークなセラミックスタジオ。

ⓐⓑプレート各12,000W＋お香立て各4,000W　シンプルなお香立てとプレートを好みで組み合わせて ⓒリボンつきお香立て47,000W　幅13cmで、小さめのものが多いお香立ての中でも存在感大！ ⓓお香立て各19,000W　手描き感のあるお花が可愛らしい ⓔⓕお香立て各32,000W　ほかにはない雰囲気のざらっとした質感 ⓖ山のお香立て20,000W　冠岳山がモチーフ。幕洛山や太白山などもあるのでコレクションしたい　ⓗⓘサンゴ礁のお香立て各98,000W　変色しづらい製法なので輝きが持続　ⓙⓚ山脈のお香立て各35,000W　細い植物を挿すのも似合います

ココで買える！

ⓐⓑⓖKKOTBATT → P72
ⓒⓓKioskKiosk → P38
ⓔⓕKT&G サンサンマダン → P44
ⓗⓘCAVA LIFE → P70
ⓙⓚNICE SHOP → P31

ぼけ〜っとした顔が少しずつ違うのもいい感じ(笑)

n
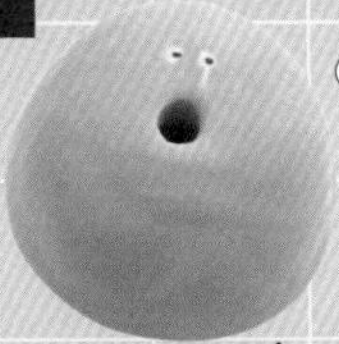
o
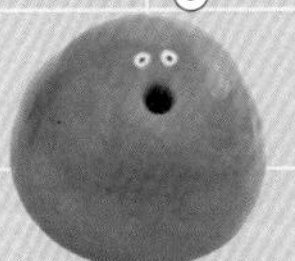
p
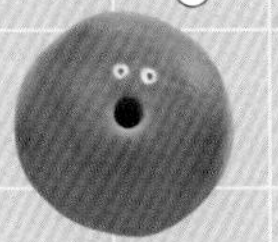
q
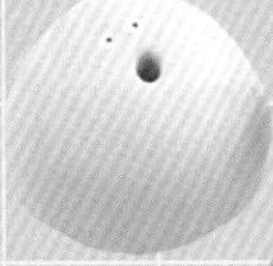
s
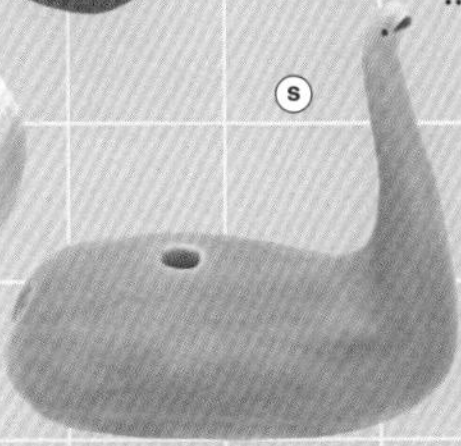

お香立て以外にゆる〜いスプーン置きなどもあります♡

m
l
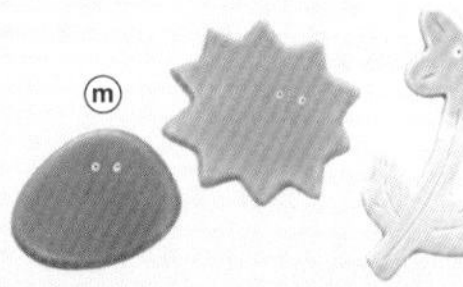

bright room

可愛らしい表情のキャラクターからシンプルな食器まで、さまざまなテイストのセラミック雑貨が揃います。望遠のショールームも訪れてみて。

湖に見立てたプレートとセット買いがオススメ

r
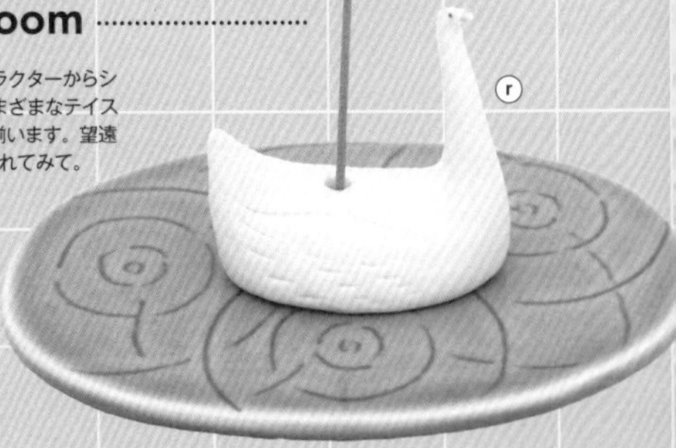

Yesceramic

P28で紹介したマグカップの他にも、ユニークなお香立てやプレートなどはどれも要チェック。

v
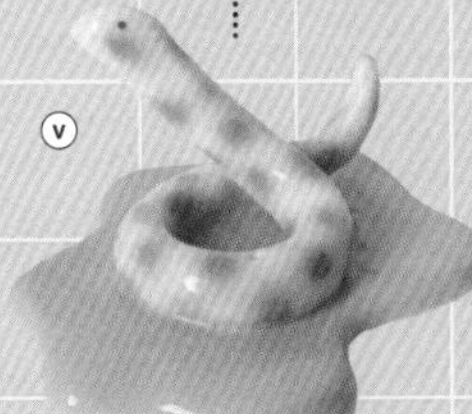

bee arc hive

お部屋や家具をミニチュア化した可愛らしい雑貨の数々が、童心を思い出させてくれます。

分厚いパソコンのレトロ感が可愛い!

u

t
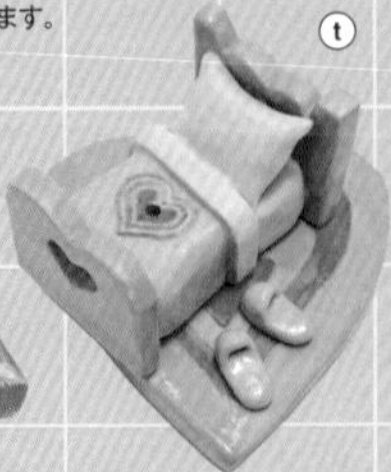

よ〜く見るとマーブル柄です♡

mwm

P30

z
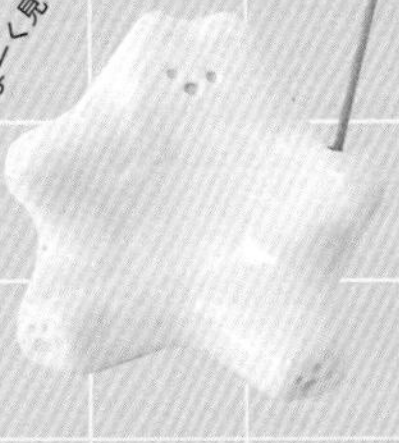
y
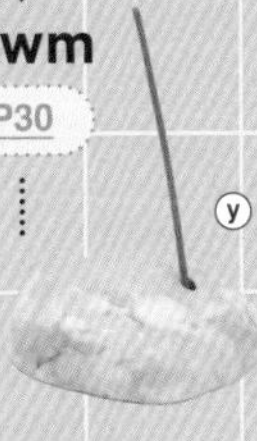

poco:ar

ブランド名には「日常に少しずつ(poco)染み込む(coar)」という意味が込められているそう。

寝転がり方になんだか親近感(笑)

x

w
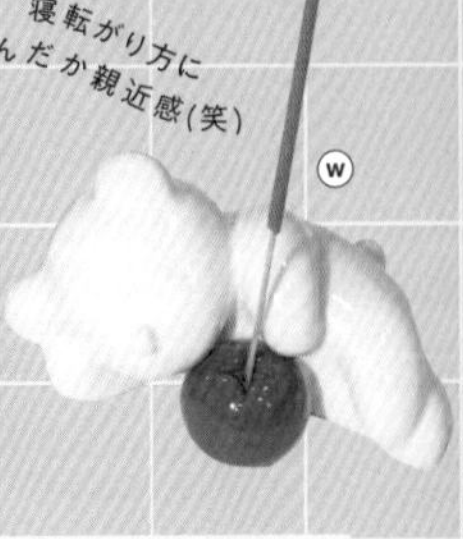

ⓛスミレのスプーンホルダー18,000W　スミレのほかにチューリップ・ラベンダー・デイジーも ⓜスプーンホルダー各10,000W　全12種でいろんな形アリ ⓝポテトのお香立て10,000W、ⓞⓟⓠお香立て各8,000W　ポテトverは泣いているのがポイント ⓡ白鳥のお香立て23,000W＋プレート16,000W、ⓢネッシーのお香立て25,000W　ネッシーの別売りプレートは"ネス湖"です(笑) ⓣベッドのお香立て53,000W　ベッドの部分を動かせる ⓤパソコンのお香立て59,000W ⓥヘビのお香立て47,000W ⓦ寝そべるクマのお香立て26,000W、ⓧクマのお香立て21,000W　しっぽがついてる背中から見ても可愛い♡ ⓨマーブルのお香立て19,000W、ⓩクマのお香立て19,000W

ココで買える!

ⓛ－ⓢ object 西橋店 → P36
ⓣⓤ CAVA LIFE → P70
ⓥ KioskKiosk → P38
ⓦⓧ KT&G サンサンマダン → P44
ⓨⓩ mwm → P30

トートバッグ編

TOTE BAG

ひと昔前はサブバッグ的存在だったトートバッグも、最近ではメイン使いがトレンド。デザイン性はもちろん、生地が厚めで機能性も高い優秀バッグを韓国でGETしよう♡

sogon sogon

鮮やかで躍動感あふれるオリジナルパターンが魅力的なファブリックブランド。種類も豊富で、レトロ柄はトレンドにもマッチ！

ⓐ

ⓑ

ⓒ

ミニサイズだけど持ち手はしっかり長めです

kitty bunny pony

P13

ⓓ

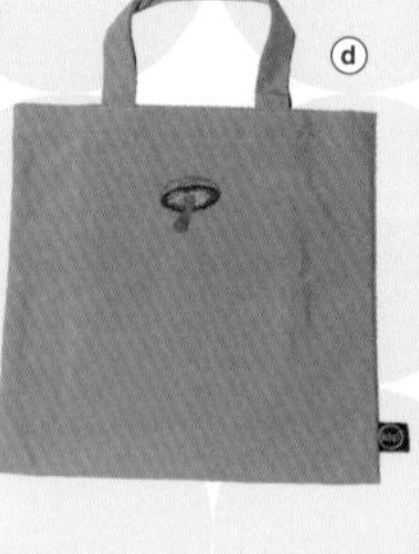

ナイロン素材だから雨の日も大丈夫

Hey Jae

キッチュでカラフルなバッグは、実用性も兼ね備えていてデイリー使いにぴったり！

ⓔ

リボンを結んでもそのままでも可愛い♡

ⓕ

持ち手が2wayで便利♪

国立中央博物館

P106

ⓖ

人とかぶらない半跏思惟像トート

0.1

P68

ⓗ

顔がドーンと描かれたデザインがインパクト大！

Stitchichi

ロゴや色づかいで〝Stitchichiらしさ〟を表現したファブリックや生活用品が揃います。

ⓘ

ⓙ

自分が好きな本の刺しゅうが施されたものを探してみて！

ⓐ黒トートバッグ32,000W　マチつきで大容量 ⓑレトロトートバッグ20,000W、ⓒ青トートバッグ18,000W　必需品は十分に収納できる21×25cm ⓓきのこ刺しゅうトートバッグ21,000W　新しくうさぎシリーズが発売予定！ ⓔチェックトートバッグ26,000W、ⓕピンクトートバッグ24,000W　気分に合わせて形や持ち方をアレンジ可 ⓖ半跏思惟像トートバッグ36,000W　カジュアルブランドとコラボすることも！ ⓗグレートートバッグ26,000W　ひと目で「0.1」とわかるプリント ⓘⓙ刺しゅうトートバッグ各32,000W　同じ柄で小さめのブックトートもアリ

ココで買える！

ⓐ－ⓒ one more bag ⇒ P40
ⓓ kitty bunny pony ⇒ P13
ⓔⓕ KioskKiosk ⇒ P38
ⓖ 国立中央博物館 ⇒ P106
ⓗ－ⓙ object 西橋店 ⇒ P36

韓国は靴下天国。地下鉄の駅や屋台など、あちこちで売っています。有名なブランドの靴下は、お土産用のまとめ買いにちょうどいい！

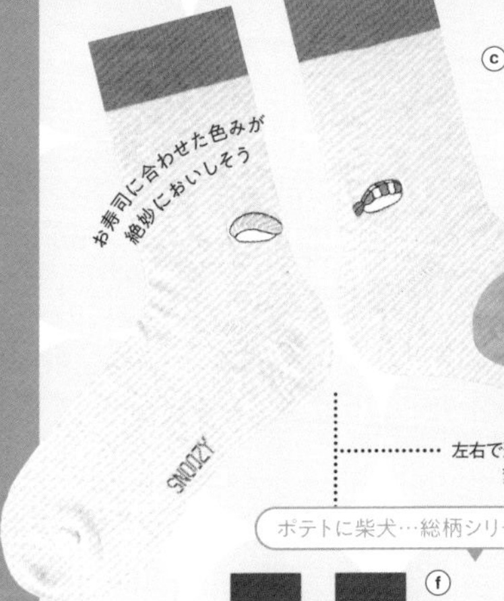

ⓒ お寿司に合わせた色みが絶妙においしそう

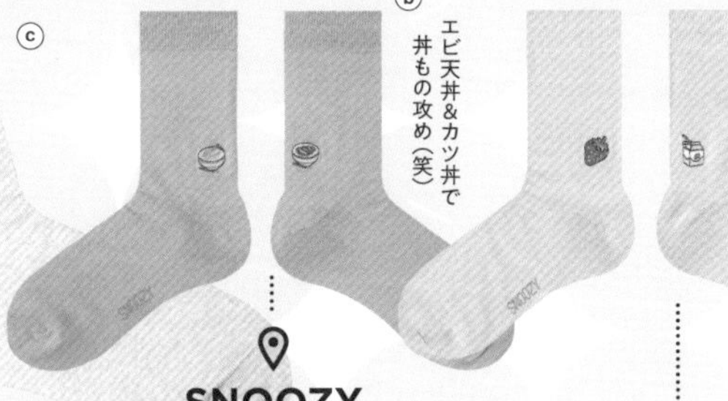

ⓑ エビ天丼&カツ丼で丼もの攻め（笑）

ⓐ そのままのイチゴとイチゴウユ（牛乳）

SNOOZY

左右で違う刺しゅうが入っているのがポイント。刺しゅうの絵柄も一風変わった愉快なものが多く、どれも可愛くて選べない～！

ポテトに柴犬…総柄シリーズも可愛すぎる♡

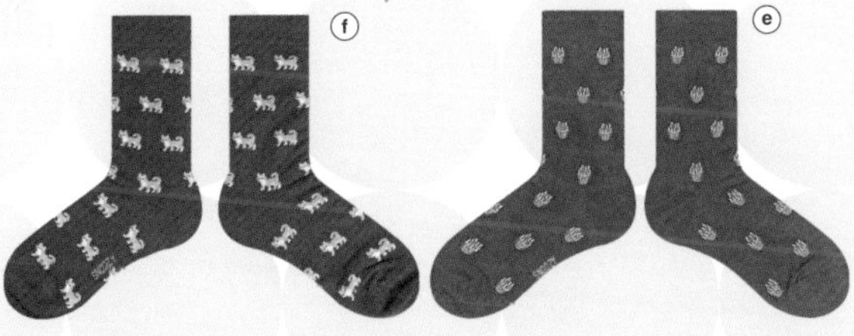

ⓕ ⓔ

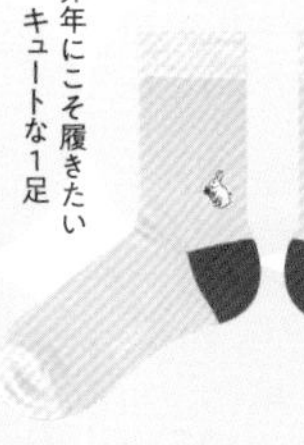

ⓓ 卯年にこそ履きたいキュートな1足

I Hate Monday

"誰もが嫌いな月曜日を楽しくする"というモットーで、履くだけで気分がアガるソックスを提案。

人気ブランド「SLOWCOASTER」とのコラボソックス

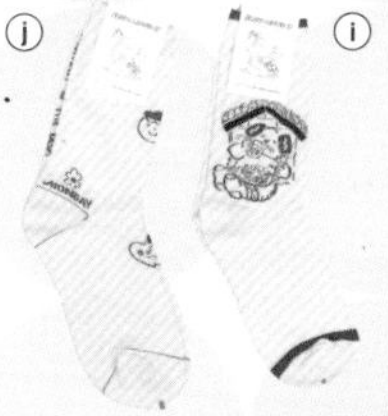

ⓙ ⓘ

暖かい季節にスニーカーと合わせて♡

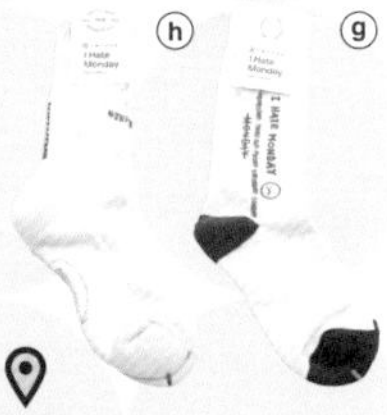

ⓗ ⓖ

ⓐ－ⓕ

SNOOZY

스누지　スヌジ

☎070-8777-1963 🏠麻浦区圃隠路44 2階 ◷月～金曜11:00～19:00、土曜 13:00～18:00 ㊡日曜 地下鉄2・6号線合井駅8番出口または地下鉄6号線望遠駅から徒歩約9分 snoozysocks

愉快な刺しゅう&総柄シリーズ以外に、クラシックなデザインもあります。つけたままスマホを操作できる手袋やキャップも人気アイテム。

Bonjour March

大人っぽい上品デザインが多めのブランド。ローファーやパンプスにも合わせて履きたい！

ⓞ ⓝ ガーリーな靴下そろってます

grandma cabinet

P68

レトロコーデのお供に

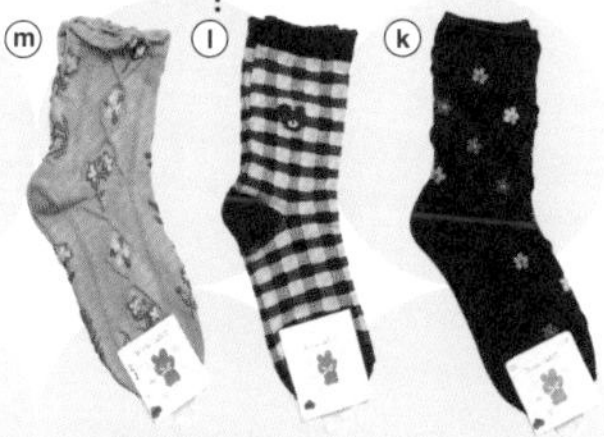

ⓜ ⓛ ⓚ

ⓐイチゴの靴下、ⓑ丼ぶりの靴下、ⓒお寿司の靴下、ⓓうさぎの靴下、ⓔポテトの靴下、ⓕ柴犬の靴下各6,500W　可愛い上にリーズナブル。ショールームで購入すると4,700Wに割引 ⓖⓗ靴下各11,400W ⓘⓙ靴下各8,400W　ゆめかわな「SLOWCOASTER」がカジュアルコーデにも合うソックスに変身 ⓚⓛⓜ靴下各4,000W ⓝチェリーの靴下10,000W、ⓞ赤チェック靴下8,000W　派手柄はデニムの裾からチラ見せして

ココで買える！

ⓖ－ⓙ KT&G サンサンマダン ⟹ P44
ⓚ－ⓜ grandma cabinet ⟹ P63
ⓝⓞ one more bag ⟹ P40

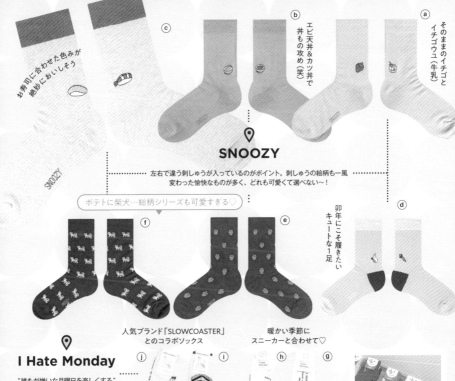

CHAPTER 05 ―（06）

キャンドル編

CANDLE

インテリアにこだわるなら欠かせないのがキャンドル。韓国では「これがキャンドルなの?」と驚くほどユニークな形の宝庫です♪

5月13日

植物性のソイワックスで作られるキャンドルは、可愛らしいアニマルからおいしそうなケーキまで♡

ⓒ

SARANGBANG

昔からあるものをモチーフにして現代的な感覚で再解釈するブランド。新旧がポップに共存!

ⓑ

イチゴ酒の香りがする!? “酒瓶キャンドル”

OIMU

P22

ⓐ

縁起が良いので大事な人への贈り物に!

Atelier Lily

貝がら、花、海、空などの自然を美しい水彩画のように絶妙な色合いで表すのが魅力のキャンドル工房。

ⓔ
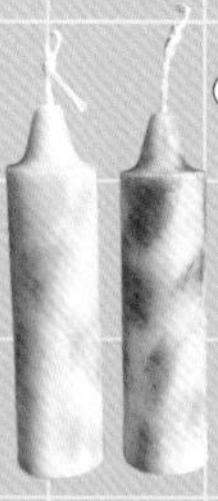

ⓕ

夏と海が恋しくなる巻き貝のキャンドル

fxng!

ヴィーガン石けんやキャンドルの形・色合い・香りにストーリーを込めて“日常から見出す楽しみ”を表現。

だんだん可愛く見えてきて溶けるのが悲しくなるかも

ⓓ
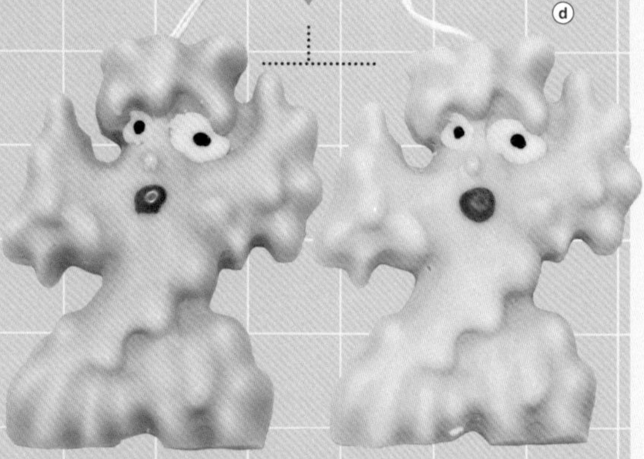

HOTEL TOUT

ホテルの窓を覗いて見える景色や日本語のネオンなど、独特な世界観を持つキャンドル多数。

ⓖ

ひと目で気になりすぎるクセつよな一品

HYOBEAK

デザインが被りがちなシーズナルキャンドルも、HYOBEAKならではの個性が溢れてます!

ⓙ

フィギュア感覚で飾るのもアリ

Brown Building

造形美術を専攻した作家が2021年に始めたブランドで、木製家具やセラミック雑貨も制作。

ⓘ
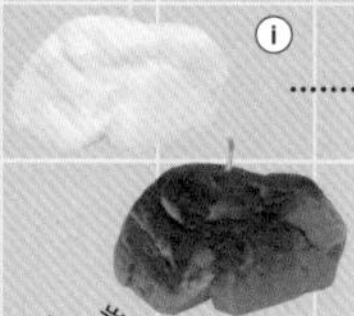

岩の質感が本物みたいにリアル!

ⓗ

ココで買える!

ⓐ LCDC SEOUL → P22
ⓑ ANALOG NEVER DIES → P73
ⓒ－ⓕ ⓙ KKOTBATT → P72
ⓖ CAVA LIFE → P70
ⓗ ⓘ NICESHOP → P31

ⓐフォーチューンキャンドル29,000W　メッセージを添えられるマッチつき ⓑ酒瓶キャンドル28,800W＋コースター5,000W　他にマッコリ、梅酒の香りもアリ ⓒケーキキャンドル16,000W ⓓモンスターキャンドル20,000W ⓔカラフルキャンドル各13,500W ⓕ貝がらキャンドル15,000W ⓖネオンサインキャンドル119,000W　側面にも日本語があり、作品名は“Neon lights in Tokyo” ⓗタワーキャンドル32,000W　形が異なる4つの塔が組み合わさっているので、見る角度によって違う表情に ⓘ岩キャンドル各23,000W ⓙ大仏キャンドル各20,000W

グリップトック編

GRIP TOK

スマホの落下を防いでくれる上に、スタンドにもなるグリップトックを使わない手はない！立体やビッグサイズが人気みたいです。

dod studio

クッションのような形で大きさや色、ロゴのバリエーションはさまざま。イチ推しはミルキーカラー♡

ⓒ

ちゅるんとした質感と絶妙な形にキュン♡

bys

レジンを使ったデジタルアクセサリーが中心。人とは違うものが好きな個性派は要チェック！

きらきら光る池で泳ぐ魚が斬新!

ⓐ
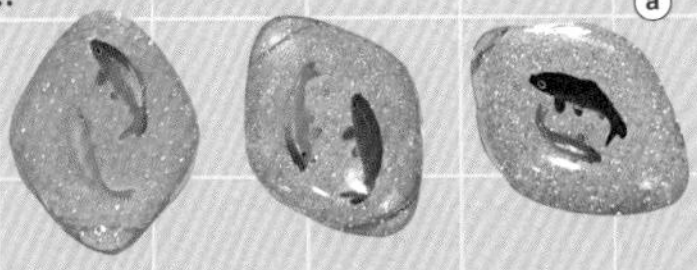

ATEK

スマホケース、ストラップ、グリップトックをATEKで揃えたくなる、統一された世界観がカッコいい。

ⓑ
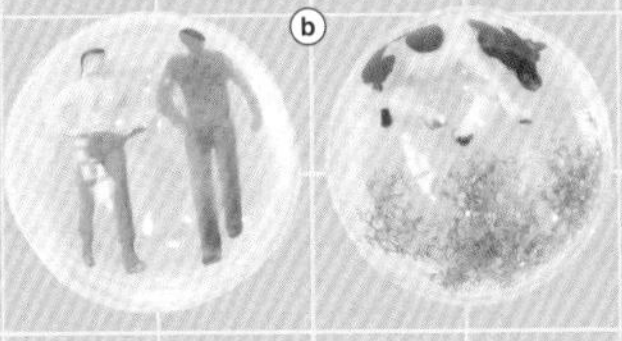

半球の中に人や牛がいてジオラマみたい！

"オドンイ"のフィギュアをプリントしたものが人気

ⓔ
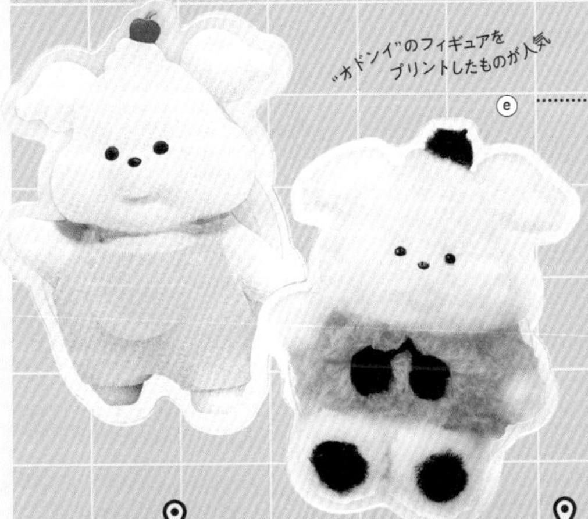

150studio

ぬいぐるみに見えるものも3Dプリンターで制作したフィギュアだそう。実写ならではのリアルな可愛さ♡

フェルトぬいぐるみがグリップトックになりました

ⓓ

怪物はモンスター

ニードルフェルトで作るぬいぐるみ作家が、作品をプリントしたキュートなグッズも制作。

byemypie

可愛さとユニークさが同居！延南洞のショールームでは素材となったぬいぐるみがお出迎え♡

ⓙ

ⓘ

ふかふかスタジオ

"ふかふか"の響きから可愛すぎる、ゆるかわを極めた色合いとイラストが日常を癒やしてくれるブランド。

ⓗ

クリームソーダは色違いもあります♡

ⓖ
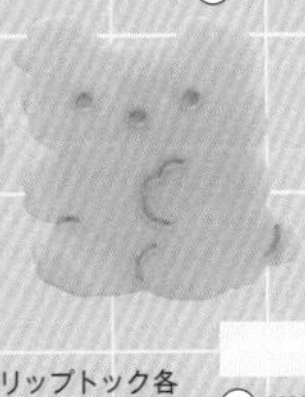

HAND IN GLOVE

笑顔のキャラクターと面白ハングルのコラボがシュールでクセになりそう(笑) グッズもいろいろあります♪

食べたら幸せになれそうなポテト(笑)

ⓕ

ⓐ魚グリップトック各24,000W　キラキラのグリッターが可愛い ⓑ半球グリップトック各15,000W　牧草まであって妙にリアル ⓒピンクグリップトック19,000W　色違いもロゴは睡眠に関する文章です ⓓモンスターグリップトック15,000W ⓔビッググリップトック各9,000W　オドンイは"ブタ子犬"らしい ⓕポテトグリップトック10,000W　ハングルは"幸せのフライドポテト" ⓖピンククマグリップトック13,500W ⓗクリームソーダグリップトック14,000W ⓘプレッツェルグリップトック16,000W ⓙテディベアグリップトック16,000W　縦8.5cmとビッグサイズ

ココで買える!

ⓐ KKOTBATT → P72
ⓑ ANALOG NEVER DIES → P73
ⓒⓓⓕⓘⓙ one more bag → P40
ⓔⓖⓗ INOURMANSION → P69

その日のコーデに合わせてつけ替えるのがおしゃれ上級者！ 雑貨屋の定番アイテムなので、気に入ったら即買いしちゃいましょう。

1537 P64

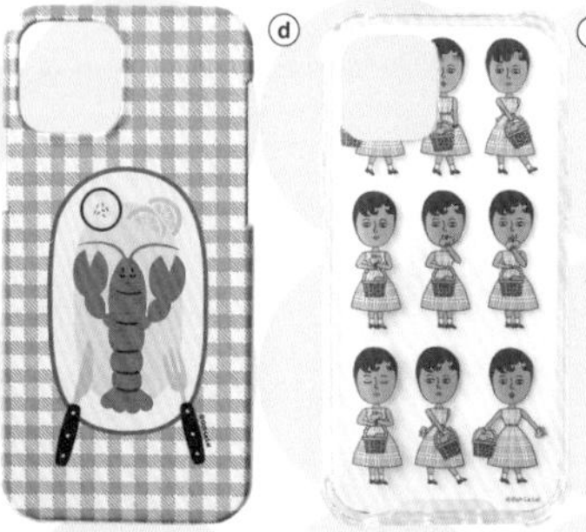

よく見たらみんなポーズ違う！

1107 P11

友達や恋人とオソロで持ちたい♪

Goody Buddy

落書き風のラフなキャラクターや都市を描いた、オリジナルのイラストグッズが人気！

見る度ベネチアに行きたくなるケース

byemypie P91

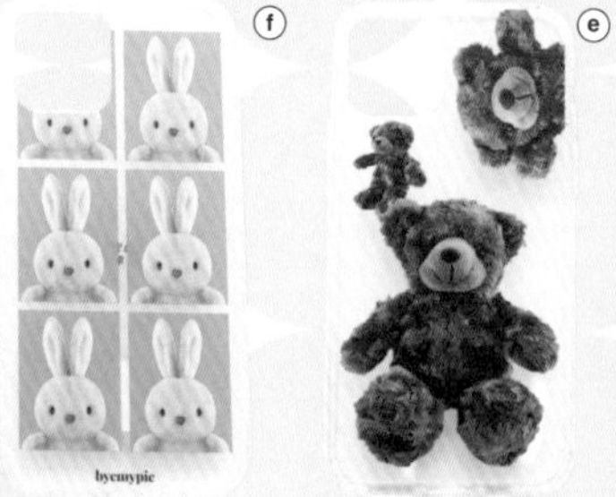

証明写真みたいでゆる可愛い（笑）

CROW CANYON HOME

P85

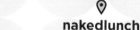

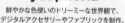

あのスプラッターパターンがスマホにも♡

youphoria

鮮やかな色使いのドリーミーな世界観で、デジタルアクセサリーやファブリックを制作。

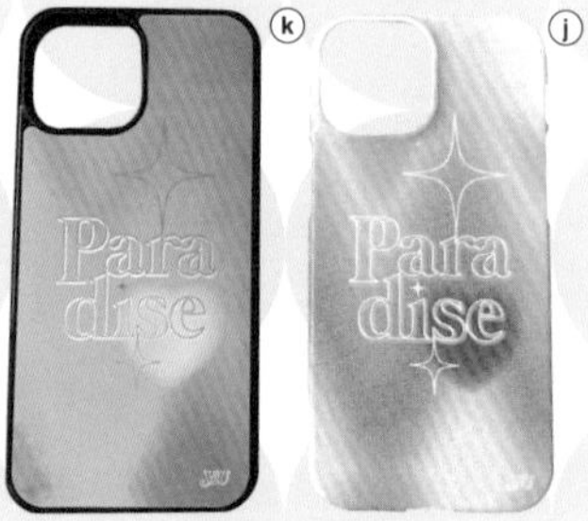

ホログラムでお目立ち度は最強！

nakedlunch

漢字で「全裸午餐」。いろんな意味でギリギリを攻めた本気のクセつよアイテムがめじろおし！

ココで買える！

ⓐⓑ 1107 ⇒ P11
ⓒⓓ 1537store ⇒ P52
ⓔⓕ one more bag ⇒ P40
ⓖⓗ INOURMANSION ⇒ P69
ⓘ－ⓚ KKOTBATT ⇒ P72
ⓘ scope seoul ⇒ P85

ⓐⓑシリコンスマホケース各17,000W　カラバリのピンク＆水色でペアにすることも可能♡ ⓒクリアスマホケース17,550W、ⓓスマホケース16,200W　「1537」おなじみのプリントとギンガムチェックで超レトロ！ ⓔⓕクリアスマホケース各17,000W　可愛いけどシュール＆躍動感あふれるデザインなのがワザあり感 ⓖ白スマホケース19,000W　オリジナルキャラクターの"ロンムン"　ⓗクリアスマホケース16,900W　"Venis"ロゴのグリップトック(12,000W)とセット使いが◎ ⓘレトロスマホケース22,000W　おしゃれなY2Kというより真のちょいダサなレトロが最高 ⓙⓚロゴスマホケース各22,000W　ニュアンスカラーが印象を格上げ ⓛスマホケース24,000W　AirPodsケース(19,000W)もアリ。ファンはシュシュ(13,500W)やクッションカバー(25,000W)までそろえよう

マスキングテープ編

MASKING TAPE

コレクターが多く、雑貨の中でもすっかり確立されたジャンルとなったマステ。韓国雑貨巡りでも、胸キュンな可愛い子たちに出会えます♪

ⓐ **DOWNTOWN MIX JUICE** P40

今日使う部分はどのキャラかな～♡

ⓑ **ppom ppom** P45

ⓒ **CIRCUS BOY BAND** P53

人気のフィギュアシリーズがマステに

ⓓ

ⓔ **WARMGREY TAIL** P52

クジラの仲間が優雅に続いていきます

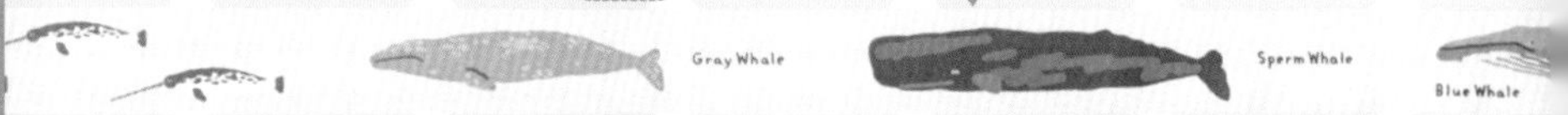

ⓕ **ZERO PER ZERO** P14

ⓖ **Bikkie Choccy Croqui** P16

ちょっと太めサイズなのが嬉しい♪

ⓗ **1107** P11

ⓘ **1537** P64

チューリップまで寝てる(笑)

ⓙ

ⓐお友達マスキングテープ5,500W　キャラクターがなんと総勢30体！ ⓑパフェマスキングテープ5,500W　キャラクターたちがパフェになったファンシーな絵柄♡ ⓒⓓマスキングテープ各4,800W　なかなか同じ柄が来ないから使うのが楽しい♪ ⓔクジラマスキングテープ　イラストと一緒にクジラの名前が書いてあります ⓕネコマスキングテープ5,500W 「ZERO PER ZERO」のいろんなグッズに登場しているおなじみのネコ ⓖマリンマスキングテープ9,800W　カフェのキャラクター、Bikkie·Choccy·Croquiが涼しげなマリンテイストに ⓗアボカドマスキングテープ4,900W　アボカドの種がクマ(笑) ⓘⓙキャラクターマスキングテープ4,800W　マステにもレトロ&シュールな「1537」らしさが詰まってる！

ココで買える！

ⓐ one more bag ⇒ P40
ⓑ KT&G サンサンマダン ⇒ P44
ⓒⓓ CIRCUS BOY BAND ⇒ P53
ⓔ WARMGREY TAIL ⇒ P52
ⓕ ZERO SPACE 望遠 ⇒ P14
ⓖ Bikkie Choccy Croqui ⇒ P16
ⓗ 1107 ⇒ P11
ⓘⓙ 1537store ⇒ P64

オリジナルの文字入れステッカーを作ろう！

ハングルの文字入りステッカーって無条件に可愛い♥　自分や推しの名前、メッセージなど色々作ってペタペタ貼りたくなりますよね。実はオリジナルのステッカーを作れるマシンが身近なところにあるんです。サンリオキャラクターなどのフレームが選べたり、スマホから画像を転送して写真入りにできたり。お土産にしても喜ばれそうです。1シートあたり1,000～2,000W。最新情報やマシンの設置場所は公式Instagram（@poluv_official）をチェック！

こんなシールが作れちゃう！

HOW TO MAKE

Start!

フレームを選ぶ

⇓

文字の行数を選ぶ

1行or2行

⇓

入れたい文字を選ぶ

ハングル、アルファベット、記号など

⇓

Finish!

印刷

写真入りの場合は、QRコードを読み込んで画像をアップロード

推しの名前で作った人のシールが機械のまわりに溢れてます（笑）

写真入りver.

スマホから好きな画像を選んで、シールが作成できるタイプ。推しの写真と名前を入れる人が多い模様。推しシール交換などもいいかも。

1行ver.

シンプルに文字入れができるタイプ。記号などを盛り込みながら可愛く仕上げたい。あらかじめ入力したい文字を考えておくとスムーズに作成できます。

ココで作れる♡

＼シナモロールスウィートカフェver.のフレームがある／

AK& 弘大店

AK& 홍대점／エイケイエン ホンデジョム

麻浦区楊花路188 AK& 2階 11:00～22:00 休なし 地下鉄2号線・空港鉄道弘大入口駅5番出口から徒歩約1分

＼ダイソーでは多くの店舗に設置！ステーショナリーの近くにあることが多いかも／

ダイソー弘大2号店

다이소 홍대2호점／ダイソ ホンデイホジョム

麻浦区楊花路182 10:00～22:00 休なし 地下鉄2号線・空港鉄道弘大入口駅4番出口から徒歩約1分

KOREA GOODS GUIDE BOOK

CHAPTER 06

え、こんなところにも！?

雑貨屋以外でGETできる 可愛い雑貨にキュン♡

雑貨は雑貨屋でしか買えない…なんてことはありません！
韓国では、カフェや本屋など意外なところでも可愛い
雑貨に出会うことができます。むしろ、雑貨屋では
お目にかかれないような変化球アイテムにひとめぼれするかも♡

日本でいうコンビニ並みに店舗が多い、カフェ天国な韓国。オリジナルグッズを作っているお店も多く、雑貨屋に負けず劣らずのクオリティです！

1
Midopa Coffee House

DJブースもあるヒップなカフェ＆バー。懐かしさと洗練された雰囲気が同居する空間作りはさすがです。ソファ席の、光が差し込むと浮き出るロゴが粋！

ポップアップコーナーも併設していてイベントごとに作るアイテムも人気！

ゲストのDJプレイも
見どころの1つです！

「ドレミドパ」という不定期の金夜開催のイベントでは、ソウルメタルのユリちゃん、ミュージシャンの長谷川陽平さん、SOULSCAPEなど、毎回さまざまなゲストのDJプレイが楽しめます。」

灰皿8,000W　昭和っぽい雰囲気がたまらなくそそられる一品

Midopa Coffee House

미도파 커피하우스／ミドパ コピハウス

☎070-4108-2020 ⌂西大門区城山路317 2階 ◷日〜木曜／13:00〜23:00、金・土曜／13:00〜24:00 ㊡無休 ⛉地下鉄2号線・空港鉄道弘大入口駅3番出口から徒歩約20分 ◎midopacoffeehouse

レトロスタイリッシュなカフェ＆バーではDJイベントも

イチオシのクリームソーダでレトロムードを盛り上げて

クリームソーダ(7,000W)のグラスやマグカップは購入可。グラス10,000W　フットがグリーンでお店ロゴ入り。マグカップ15,000W　ロゴ入り陶器はほかにコーヒーカップ、お皿、ボウルなどもアリ

ポップアップと連動して、DJが選曲したラインナップをミックステープに

カセットテープ各15,000W　展示されているブランドからインスパイアされた曲を収録。不定期のDJイベントで聴けるかも？

入口ではマスコットキャラクターのDoReMiがお出迎え

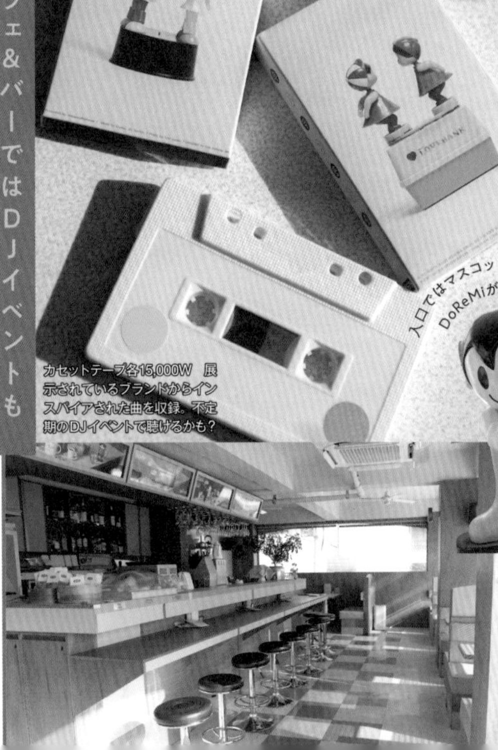

キャップ30,000W　これをかぶればあなたも常連の仲間入り！

ソウル1おいしいといわれている有名コーヒー店

2

Fritz Coffee Company

コリアン・ヴィンテージをコンセプトに、韓屋スタイルや50～60年代風など市内に4店舗を展開。生豆をダイレクトトレードで仕入れ、安定した味を提供するなどこだわりを感じます。

＼オットセイのキャラクターがコーヒー飲んでる…キョウォ（涙）／

マグカップ14,000W　お店ロゴとキャラクター入りは持ってるだけで自慢できちゃう♪

コーヒー豆各16,000W　ソウルNo.1の味を家でも楽しみたい方に。パッケージが可愛いのでお土産にも

＼全種類コンプしたくなる～！／

ピンバッジ各4,500W　ベーシックなものから信号モチーフや食パンモチーフまで、心くすぐるデザイン

クリーム、ラズベリークリーム、チョコクリームの3種各2,900W。ほかにもクロワッサンやパイなどコーヒーと合わせたくなるフードが豊富

＼コーヒーには甘～いドーナツがベストマッチ！／

グラス11,000W　新しく仲間入り！　ロゴのOからのぞくオットセイに注目です

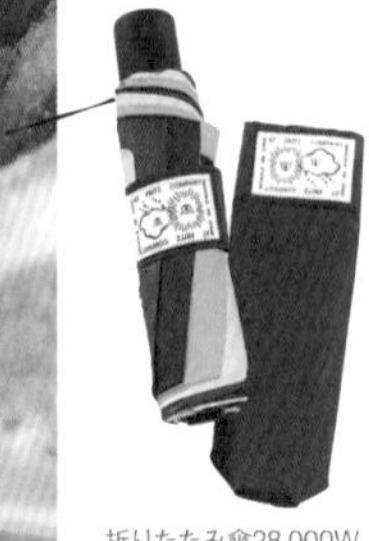

折りたたみ傘28,000W　晴雨兼用傘。雨の日でも気分が晴れそうな信号カラー

＼昔ながらの韓屋をリノベーションした店内は雰囲気バッチリ／

Fritz 苑西店

프릳츠 원서점／
プリッツ ウォンソジョム
☎02-747-8101 ⌂鍾路区栗谷路83アラリオミュージアム
⏲10:00～21:00
㊡無休 地下鉄3号線安国駅3番出口から徒歩約3分
fritzcoffeecompany

3

pigeongram

寂れた外壁にタバコ屋風の入口で、三度見くらいしてしまうカフェ。内装はレトロでも本格的な機械でローストしたコーヒーが楽しめ、店内にはいい香りが漂っています。

ⓐグラス(大)13,000W、ⓑグラス(小)15,000W　このグラスに入れるだけでレトロ喫茶みが増してくるから不思議

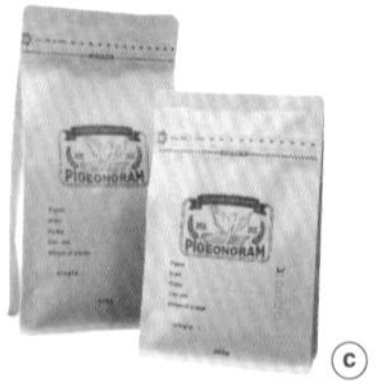

ⓒコーヒー豆(200g)14,000W、ⓓコーヒー豆(500g)28,000W　オリジナルブレンド。甘くてちょっぴりスモーキーな味

pigeongram

피죤그램／ピジョングレム

☎0507-1354-4143 🏠城東区練武場キル5 🕘11:00~22:00 ㊡無休 地下鉄2号線トゥクソム駅5番出口から徒歩約5分 Ⓘpigeongram_seongsu

「ちょっと一服」が似合う外観にふらっと寄りたくなる

バッグ各15,000W　色鮮やかなレッスンバッグ。コーデのハズしアイテムに使えそう！

(上)"ピジョン"ラテ6,300W　カフェラテにミルクティーを注ぐ新感覚ラテ (下)"グレム"コーヒー6,500W　アイスを溶かしながら飲んで！

甘さと苦さが絶妙でクセになる味わい！

タバコ風のデザインだけど実は…

コーヒーバッグ(3個セット)各4,500W　これ何？と話題になりそう。お土産にも◎

マグカップ各19,000W　お店の人気アイテム。温かみのあるカラーに惹かれます

自分だけのとっておきにしたくなる特別な空間

日本人夫婦が10年以上経営しています

ライターの清水博之さんと書家の池多亜沙子さんが営むカフェ。音楽や弘大のおすすめを尋ねるのもアリ

展示販売は期間によって入れ替わる一期一会

日本の製品や海外で見つけたアイテムを中心に展開。シンプルで長く愛せるセレクトが多めです

ミックステープ各13,000W　店主と親交の深いアーティストのミクステも。右下はお店が11周年の際に韓国の音楽家・DJ YES YESが制作したもの

natsuyoさんおすすめのキャラメルバナナチーズケーキ6,500W。ハンドドリップコーヒー5,500W～、アイスカフェオレ7,000W

韓国に長く携わっている人で作っている同人誌『中くらいの友だち』。ほかでは読めないような韓国の話を書き寄せているそう。清水さん夫妻も参加

ソウルで一番ホッと

できて落ち着く場所

「音楽好きの清水さんにおすすめのバンドやイベント情報を教えてもらったり、池多さんに相談に乗ってもらったりと、気づけば長時間いることも。ケーキもおいしくて大好きなお店です。」

4

雨乃日珈琲店

音楽の街・弘大に2010年にオープン。店内では不定期でライブや展示も開催しています。流行りのカフェとは一線を画す上質なコーヒーとケーキは、開店を待つお客さんがいるのも納得。

陶器類10,000～40,000W
日本のデッドストックの器は韓国の人たちに人気だそう

雨乃日珈琲店

아메노히커피점／
アメノヒコピジョム

☎070-4202-5347 🏠麻浦区臥牛山路168 ⏲金・土曜／13:00～21:00、日・月曜／13:00～20:00 休火～木曜 🚉地下鉄2号線・空港鉄道弘大入口駅6番出口から徒歩約3分 ⓘamenohicoffee

5

moment coffee

のれんや抹茶、古民家風の建物など、ソウルで京都を感じられる空間。店内には日本の雑誌も多く、地元の若者から愛されています。見れば見るほど気になるパンのキャラグッズも豊富。

韓国人の間では「日本を旅した気分になれる」と人気

チェック柄ののれんが目印です

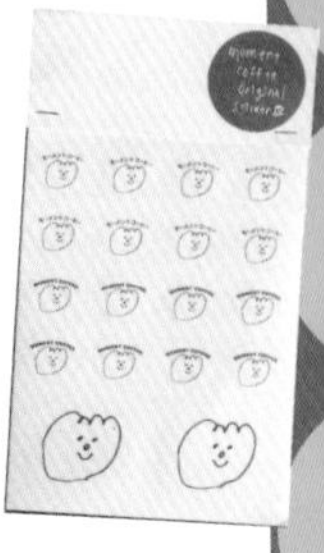

ステッカー4,000W　クリアタイプのシール。カタカナの「モーメントコーヒー」が可愛らしい

抹茶クリームラテ6,500W　はじめは抹茶だけを、そのあと混ぜてラテにして飲むと二度楽しめます

\ つい集めたくなる12種類の絵柄 /

ポストカード各2,000W　人気のカレンダーの柄がハガキに。温かみのあるイラストが受け取り手にも伝わりそう

タンブラー8,000W　ホットもアイスもOK。ホワイトと深みのあるグリーンの2色展開

\ お店のメインメニュー YAKIPAN SET /

カップ＆ソーサー18,000W（2セット同時購入の場合32,000W）　デュラレックスにパンサンのイラストが刻まれた耐熱グラス

お店のアイコン"パンサン"がポツリ

オーバル皿12,000W　食べ終わると出現する、ゆる可愛いパンサンに癒やされる♥

moment coffee2号店

모멘트커피 2호점／
モメントゥコピ イホジョム

☎070-8860-5287 🏠麻浦区ワールドカップ路4キル29 🕘10:00~22:00 ㊡無休 🚉地下鉄2号線・空港鉄道弘大入口駅1番出口から徒歩約4分 ⓘmoment___coffee

路地裏にあってゆったりとした時を過ごせる♪

"デシャンと一緒にお出かけするニャン

ミニエコバッグ12,000W　ワンマイルにちょうどいいサイズ。マチがあるので思いのほか入ります

ⓐキーリング8,000W ⓑグリップトック各12,000W　のほほんとした表情の犬と猫に悩みも吹き飛びそう

一度食べてほしいティラミスは絶品！

グリーングレープエード、レモネード、ティラミス各6,000W　エスプレッソを染み込ませたフィンガービスケットの上にマスカルポーネがたっぷり♡

タンブラー11,000W　回すと飲み口が出るタイプとストローが挿せるタイプの2種類のフタつき。軽くて持ち歩きやすい

身近なところに貼ってやることの見える化！

やることメモ3,000W　端的に5個だけ書ける仕様なので、無理なくクリアできそうです

グラス各13,000W　キャラクターが描かれた耐熱ガラスカップ。430mlでたっぷり入ります

6

their coffee

カフェの激戦区・延南洞でもほっこりする愛らしいキャラクターで人気を博すカフェ。顔がついたクッキーやクマのフィナンシェなども写真映えするので、ついSNSにアップしたくなる！

their coffee

데얼커피／デオルコピ

☎02-336-0503 🏠麻浦区東橋路38アンキル21 🕘13:00～21:00 ㊡木曜 🚇地下鉄2号線・空港鉄道弘大入口駅3番出口から徒歩約7分 ⓘtheir_coffee

大型書店だけでなく、個性あふれる独立書店が多い韓国。お店によってセレクトも異なるので、見て回って〝とっておき〟を見つけよう！

1 YOUR-MIND

オンライン書店を2009年にはじめ、実店舗を持つにまで人気を博した書店かつ出版社。ライブやワークショップも開催しており、本を中心とした多角的な活動も見どころです。

ⓐジユのお花図鑑12,000W　幼い少女ならではのイラスト集。色づかいが素敵 ⓑBird Pit作品集16,500W　犬をめぐる味わい深いイラストが多数

たくさんの作家さんとの出会いのきっかけ

「YOUR-MIND主催で独立系出版社が多数参加し、作家さんが本を直接販売するイベント「アンリミットエディション」は、毎年大にぎわい。作り手の顔が見えて作品への理解も深まります。」

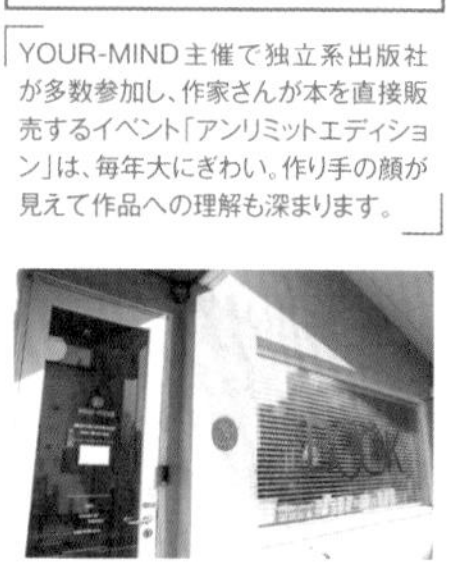

YOUR-MIND

유어마인드／ユオマインドゥ

☎070-8821-8990 ⌂西大門区延禧路11ラキル10-6 2階右側 ⏲13:00〜20:00 ㊡火曜 地下鉄2号線・空港鉄道弘大入口駅3番出口から徒歩約23分 @your_mind_com

オンラインからスタートした独立書店のパイオニア

お気に入りのしおりを見つけるのも楽しい

ポストカードセット（24枚入り）15,000W　本の表紙も手がける人気のイラストレーター、クァク・ミョンジュさんの作品

カードやノートなどステーショナリーも豊富

答えが見つかるかも？ 本を通じて自分と向き合う場所

2

NOrmal A

2015年にオープンした、デザインスタジオ131WATTが運営する書店。「BOOK IS ANSWER」というスローガンを掲げており、静かで落ち着いた、本に集中できる居心地のいい空間です。

wheniwasyoung

ノート各8,000W　歴史、数学、音楽など計10科目の教科書コンセプトのノート。大胆なグラフィックが印象的

ピンバッジ(左)15,000W(右)6,000W　建物のオーナーを夢見るというテーマのピンバッジと、紙を運ぶ作業車「サンバリ」モチーフが珍しい

カバーから心躍る新作がずらり！

雑貨も隅々までじっくり見たい

記憶に残したい想いから生まれた

トートバッグ各15,000W　再建のため取り壊される移転前の建物を覚えておきたくて作成されたというストーリーにも注目したい

イ・ヨンチェ

ポストカード各2,000W　日常のワンシーンを切り取ったきれいな色彩が特徴的で思わず見入ってしまう

誰かにプレゼントしたくなるラッピング

本が山積みになった可愛いイラストの包装紙にも注目！お土産や自分へのプレゼントにいかが？

NOrmal A

노말에이／ノマレイ

☎02-6747-5000 🏠中区マルンネ路12 4階 🕘月～金曜／12:00～18:00、土曜／13:00～18:00 ㊡日曜 🚇地下鉄2·3号線乙支路3街駅12番出口から徒歩約3分 Instagram normala.kr

3

PRNT

イラストレーターの漫画やユニークな独立出版物の取り扱いが豊富。店主がオリジナルキャラ同様とても愉快なので、楽しくトークしてみよう！

ノート各4,000W　ミニサイズの無地ノート。小さくてかさばらないので、ちょっと書き留める用にバッグに忍ばせても◎

細長～～い
メッセージカード

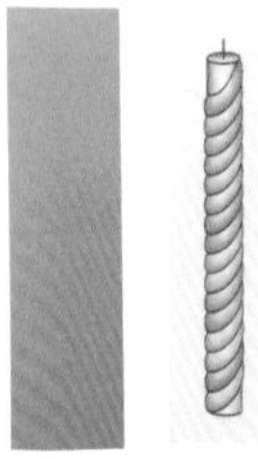

メッセージカード5,000W　縦書き？横書き？　何をどう書こうか迷いに迷いそう(笑)

PRNT

피알앤티／ピアルエンティ

☎070-4177-0021 ⌂銅雀区マニャン路1キル1 ⏲14:00～18:00 ㊡月～水曜 🚉地下鉄7号線上道駅3番出口から徒歩約5分 ⓘprntseoul

HOHO&KUNANI
もあります！

ゆる可愛いテイスト
のキャラがたくさん

大人向けのシニカルな漫画が豊富で長居しそう！

オリジナルキャラの
「ピユク」が愉快

ステッカー(8枚セット)4,000W　店主のソニさんが考案した紙のキャラクター。自由すぎる動きに思わず吹き出します

ミニトート32,000W　独立出版物はB6サイズが多いことから韓国語で「B6」を表す「ピユク」という名前にしたそう

ステッカー(5枚セット)3,500W　犬のディンディンの日常を詰め込んだステッカー。大好きなコーヒーを飲む様子が描かれています

4

KENEKTID X BOOKSTORE

明洞のロッテヤングプラザ内にあって店内は広く、本だけでなくLPや雑貨の販売、カフェなどもあるので、じっくり楽しみたい。ウッドと深めブルーの配色がスタイリッシュ。

本とレコードと雑貨が一堂に

キーリング各6,000W 「あなたにハマった犬」「怒った犬」と感情があらわでもはや愛おしい

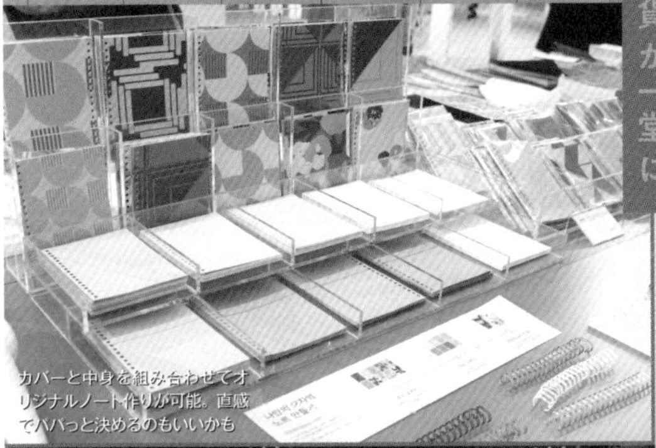

カバーと中身を組み合わせてオリジナルノート作りが可能。直感でパパっと決めるのもいいかも

KENEKTID FLAGSHIP STORE

커넥티드 플래그십스토어／コネクティドゥプレグシプストオ

☎0507-1371-5129 🏠中区南大門路67 ロッテヤングプラザ 明洞店1階 🕐月～木曜／8:00～20:00、金曜／8:00～20:30、土・日曜／10:30～20:30 ㊡無休 🚉地下鉄2号線乙支路入口駅7番出口から徒歩約4分 Ⓘkenektid_flagship

フレームメモ6,800W 一言メッセージを添えるときにお役立ち

巾着13,000W 20世紀中盤の肘掛け椅子モチーフ。なかなかお目にかかれないデザイン

時間を気にせず行ける気軽さ

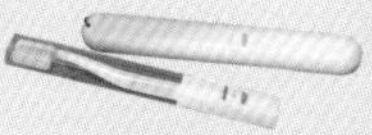

歯ブラシ9,000W+ケース7,000W デザイン性が高く日本でも人気の高いHAYと歯のケア専門のJordan社とのコラボ商品

1984で出版された書籍。左はマイケル・ジョーダンのスポーツ選手面だけでなく、ギャンブル没頭などにも触れている伝記

駅チカの店内は広々！約半分が雑貨スペース

5

1984

出版社「1984」が運営する書店&カフェ。1984はジョージ・オーウェルの小説から取ったのだとか。各国のおしゃれなモノが揃います。

1984

일구팔사／イルグパルサ

☎02-325-1984 🏠麻浦区東橋路194 🕐10:00～23:00 ㊡無休 🚉地下鉄2号線・空港鉄道弘大入口駅2番出口から徒歩約3分 Ⓘ1984store

深夜でも立ち寄れる
営業時間に感謝！

「23:00までショッピングやカフェ、展示が楽しめてありがたいお店。すべての予定を済ませた1日の終わりに立ち寄りたくなります。」

博物館や美術館のグッズって正直センス良くなさそう…と思っていませんか？　歴史やアートの解釈で作られた雑貨、控えめに言っても超可愛い♡

1

国立中央博物館

面積・所蔵品数ともに世界有数の規模を誇り、BTSの「Dear Class of 2020」や「EoGiYeongCha Seoul」のロケ地としても話題に。グッズショップも広く、見応えアリ！

アジア最大級の博物館はグッズも一線を画してます

"トゥギウギ"クッション＆ブランケット40,000W ブランケットを畳んで中に収納できる。

伝統的な青磁・白磁の柄をプリントしたコースター

陶磁コースター各6,000W　実際に所蔵されている陶磁器がモチーフ。どこか現代的にも感じるデザイン

半跏思惟像ミニフィギュア各49,000W　アイボリーとグレーのものがBTSのRMの作業室に置いてあったことで一躍人気アイテムに

グリップトック18,000W 可愛くデフォルメされた半跏思惟像はフィギュア並の立体感！

高麗青磁柄のAirPodsケース18,000W＋蓮華文キーリング11,000W デジタルなものにあえて伝統的な柄を

韓国の歴史ドラマでよく見るテーブル!?と思ったら実はスマホの充電器

無線スマホ充電器99,000W　上に置いて充電できるタイプ。これを充電器にしたアイデアがすごすぎる(笑)

博物館の展示を見た後にぜひ立ち寄ってみて！

国立中央博物館 MUSEUM SHOP

국립중앙박물관 뮤지엄숍／
クンニッチュンアンバンムルグァンミュジオムショッ

☎02-2077-9045 🏠龍山区西氷庫路137 🕘月・火・木・金・日曜：／10:00～18:00、水・土曜／10:00～21:00 ㊡なし 🚇地下鉄4号線・京義中央線二村駅2番出口から徒歩約4分 📷muds_museum.goods

クリエイターも注目！多様な芸術を楽しめるアートスポット

2

国立現代美術館

韓国の現代美術作品の展示や、ニューメディアとの融合展示を行っている“複合芸術センター”。ここをおすすめする雑貨ブランドの作家さんも多く、玄人も通う注目スポットです。

キーリング各8,500W　Museum、Modern、Contemporary、Artという4つの単語を表すパターンがおしゃれ

取材時、日本でも有名な現代美術家ペク・ナムジュンの企画展に合わせたグッズが並んでいました

次の旅行で使いたい♪
kitty bunny ponyとのコラボポーチ

ポーチ23,000W　深さ10cmなので旅行用としても。チャック両開きが嬉しい！

美術館らしい絵画のギフトセット

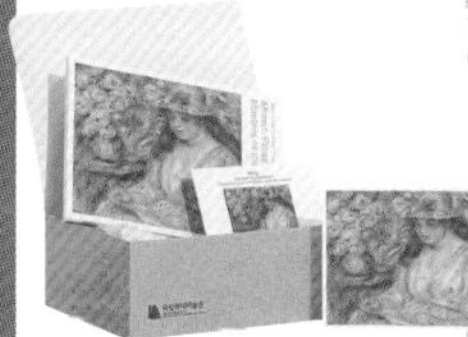

ルノアールギフトセット(箱つき)29,500W　ドローイングノート、マグネット、フレンチマリーゴールドの香りつきポストカードのセット

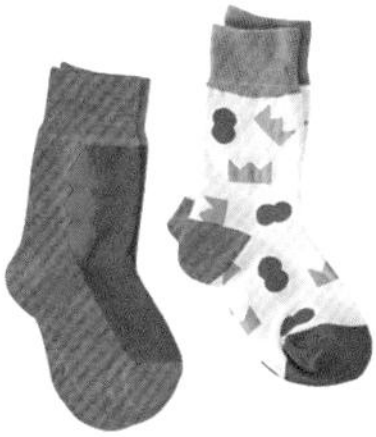

靴下各12,000W　カラフルなMMCAパターンをあえて見せる着こなしに。子供用サイズ(10,000W)もアリ

カード(封筒つき)8,250W　朝鮮時代の民画を現代的に解釈したモダン民画は韓国らしさを感じられる

タンブラー30,000W　主張しすぎないミュージアムロゴがスタイリッシュ。結露を防ぐ二重構造

ミニトート32,000W　MMCAの黄色いタグがワンポイントに。小さいながらも収納力は抜群

国立現代美術館 ソウル館 ART ZONE

국립현대미술관 서울관 아트존／
クンニッピョンデミスル グァン ソウルグァン アトゥジョン
☎02-3701-9500 🏠鍾路区三清路30 🕘日～火、木・金曜／10:00～18:00、水・土曜／10:00～21:00 休なし 地下鉄3号線安国駅1番出口から徒歩約10分 mmcakorea

韓国を代表するフォトグラファーとデザイナー。ともに現役で活躍する2人が主宰するコンセプトショップは、おさえておきたい！

1

OhBoy!

韓国ファッション写真家協会会長のヒョンソンさんが手がけるフリーマガジン。動物福祉や環境に対する想いを発信しています。店舗では長く愛されるタイムレスな雑貨を展開。

ⓐショルダーバッグ25,000W　細紐がスタイリッシュ ⓑプリーツバッグ59,000W　ペットボトルをリサイクルして生まれた商品 ⓒ靴下（3足セット）21,000W　購入することで動物愛護団体への寄付にもなります

PKP's comment

グラビアだけでなく
テーマも興味深いです

「ヒョンソンさんが撮る素敵なアイドルの表紙やグラビアのイメージが強いですが、ヴィーガンや都市、映画など、毎号多岐にわたる特集が組まれている読みごたえのある雑誌です。」

OhBoy! Select Shop & Communication Center

오보이 편집샵 앤 커뮤니케이션센터／
オボイ ピョンジプシャッ エン
コミュニケイションセント

☎02-324-9661 麻浦区トンマッ路14キル26 ⏲12:00～20:00 休日・月曜 地下鉄6号線上水駅4番出口から徒歩約1分
ohboymagazine

雑誌と雑貨を介して環境や未来を考えるきっかけに

クリエイターインタビュー
P134

探してたバックナンバーがここなら見つかるかも！

ⓐ『映画カード大全集』各30,000W　映画の象徴的なシーンが切り取られた広報的役割のポストカードを掲載。全3巻
ⓑ『映画看板図鑑』80,000W　1940～2000年代までの手描き映画看板の写真を1000枚アーカイブした書籍

＼『映画看板図鑑』掲載の看板ポストカード／

韓国デザイン界の「余白の美」の先駆者！

映画やデザインが好きな人はパラダイス

「あの映画も、このドラマもそうだったんだ！」と驚くほど多くのビジュアルを担当。店内を見ながら誰かと語り合いたくなります。デザイナーのジウンさんとお話しできる貴重な機会。」

映画のポスターも多数販売中！

クリエイターインタビュー
P132

2 PROPAGANDA

韓国映画やドラマのポスター、タイトルロゴはここ無しには語れないほど有名なデザインスタジオ。月に一度だけオープンするシネマストアではグッズ購入や企画展を堪能できます。

ステッカー各700W　携わった映画のタイトルロゴステッカー。お手頃なので大人買いもおすすめです

香港の映画監督ウォン・カーウァイ氏が手がけた作品のポラロイドポストカード。運が良ければもらえるかも！

『88 Seoul』20,000W　1988年ソウルオリンピック開催30周年を記念して出版。ホドリマニアである代表・ジウンさんのグッズも多数掲載

PROPAGANDA Cinema Store

프로파간다시네마스토어／プロパガンダシネマストオ

☎02-6403-6856 江南区狎鴎亭路10キル30-12 3階 予約制（オープン日はInstaqramにて告知） 地下鉄3号線・新盆唐線新沙駅8番出口から徒歩約10分 propagandacinemastore

CHAPTER 06 — (05)

at ミュージックバー・レコードショップ 編

MUSIC BAR RECORD SHOP

一見、雑貨とは縁遠いかな？というジャンルのお店もオリジナルグッズや個性的なアイテムを展開。音楽と一緒に選ぶ楽しさも！

1

Kompakt Record Bar

DJクルー360 Soundsのメンバーが運営する、音楽好きが集うミュージックバー。徒歩圏内のグッズ専門店Big cornerで販売するアイテムは、日本でも取り扱いがあるほど人気。

イマドキなソウルっ子と情報交換したいならココ！

ⓐショルダーバッグ53,000W　フェスなどに活躍しそう ⓑトートバッグ37,000W　色違いで水色も

ⓒビーニー39,000W ⓓビーニー37,000W　色柄のバリエがあるので、さりげないオソロもいいかも？

小物だけでなくアパレルも充実

タンブラー各59,000W、マグカップ19,000Wがあると音楽もより身近に感じられそう

キーホルダー各17,000W 人気のミュージックバーの常連であることをアピールしてみるのもよし

19時から営業しているバーにも寄ってみて!

Kompakt Record Bar

콤팩트 레코드바／コムペクトゥレコドゥバ

☎010-2718-5866 江南区島山大路25キル46 19:00〜2:00 休日曜 地下鉄3号線狎鴎亭駅4番出口から徒歩約7分 kompaktrecordbar

Big Corner

빅코너／ビクコノ

☎010-7432-2721 江南区論峴路157キル21 月〜金曜／11:00〜20:00、土曜／12:00〜20:00 休日曜 地下鉄3号線狎鴎亭駅4番出口から徒歩約7分 krb_store_coffee

2

CLIQUE RECORDS

乙支路にひっそりとある、まるで隠れ家のようなレコードコレクターのためのお店。2人のDJが運営する、韓国内外のさまざまな新規、中古レコードが集まるショップです。

DJブースもあって
ムード満点

CLIQUE RECORDS

클리크 레코드／クリク レコドゥ
☎0507-1416-0304 🏠中区乙支路12キル8 3階 ⏲12:00～20:00 ㊡月曜
地下鉄2・3号線乙支路3街駅10番出口から徒歩約2分 @clique_records

LP掘り出したい人はGO！

トートバッグ29,000W
手描きのラフな雰囲気のロゴに味があって◎

キャップ 各42,000W
シンプルなCRロゴ入り。ナイロン素材でちょっぴりスポーティー

3

DOPE RECORDS

韓国はもちろん、世界中のロックやJ-POPの音盤からグッズまで、多種多様な品ぞろえ。記憶の彼方にあったCDも発掘できるので、同世代と行くとより楽しめるかも。

DOPE RECORDS

도프 레코드／ドプ レコドゥ
☎02-716-7977
🏠麻浦区トンマッ路211 4階
⏲13:00～21:00 ㊡火曜
地下鉄6号線広興倉駅4番出口から徒歩約5分
@doperecordskorea

PKP's comment

日本の懐かしアイテム
にも出会えます！

「どうやってここにたどり着いたの?と問いたくなるような日本の8cmCDやアルバムなど。思わぬ再会にテンション上がります。」

掘っても掘っても掘り足りない店

ソックス9,000W　ビートルズやボブ・ディランなど往年のスターがポップな靴下に。みんなの視線が足元に集中！

ワッペンチャーム各13,500W
迷った末に選べなくて結果複数買いしてしまうアイキャッチなデザイン

古のジャニーズグッズ
にも遭遇できますw

運が良ければGETできるかも！
雑貨屋ステッカーカタログ

雑貨屋取材を通して何度も目にした、各店舗のロゴやキャラクターをモチーフにしたオリジナルステッカー。売っていてもおかしくないクオリティなのに、無料だなんて…！（泣）　雑貨の購入やカフェメニューの注文後、もらえるところがほとんどです♪

ArtxShift P33

＼ホログラム×ロゴがスタイリッシュ／

Midopa Coffee House P96

grandma cabinet P63

カフェナパルコッ P16

お店の看板犬"ウビ"が可愛すぎ♡

tree likes warter P32

お店の名前をスタイリッシュにあしらったシルエットステッカー

INOURMANSION P69

なんとステッカー10種類以上あります

mwm P30

タトゥーイスト「GOODMORNING TOWN」とのコラボシール

their coffee P101

pigeongram P98

KOREA GOODS GUIDE BOOK

CHAPTER 07

ただ買うだけじゃ物足りないなら… …

思い出作りもできちゃう ワークショップへ！

韓国のワークショップは、雑貨屋として人気のブランドが
1dayクラスを開いているパターンも多いんです。
最低限の韓国語スキルは必要になりますが、大好きなお店で自分が
作った雑貨を持ち帰れるなんて…最高すぎる！

お皿作り編

MAKING DISHES

毎日使う食器を自分で作れたら、食事がもっとおいしく感じられそう！ 完成品を日本へ発送してくれるワークショップなら荷物も増えずに楽ちんです♪

mwmプレートの雰囲気はそのまま、自分流に作れる♡

mwm

P30でもご紹介したmwmでは、定期的にワークショップも開催。淡いカラー粘土を使って、mwmらしいパステルの色みがラブリーなプレートを作ることができちゃうんです！

どんなデザインにするか迷ったら、販売されている食器からヒントを得るのもよさそう

受講者の作品は十人十色！ 自由な感性で作ろう

どんなワークショップ？

粘土を型に押しつけて成形していく"たたら作り"で、8色を混ぜて柄や絵を表現していきます。プレートクラスでは大小3個のお皿（ボウル）を制作可能！

私が挑戦します！

enoさん

ddafm.en

에노 えの

「デザインから考えて完全にオリジナルのお皿を作れるなんて、楽しみです♡ 普段から好きなお花モチーフで作っていきます！」

CLASS INFO

開催日 主に隔月の週末午前（毎月第3週にInstagramで告知）

所要時間 約2時間30分

料金 マーブリングプレートクラス110,000W、マーブリングカップ＆ソーサークラス 90,000W
※完成した作品の日本への送料が別途必要

予約方法 HPの「CLASS」ページで予約、またはInstagramのDMで問い合わせ

可能言語 韓国語のほか、英語も可能

住所・電話番号 P30参照

Instagram mwm_seoul

HP https://messwemade.com/

初めてでもサポートするので大丈夫ですよ♪

講師：チェ・スジさん

START!

1

はじめに先生が粘土について説明してくれます。焼くと色が鮮やかになるそうで、基本の8色以外に寒色系も使えるとのこと

2

お手本として、先生が手際よく粘土を混ぜていきます。あっという間にマーブル模様が浮かびあがってきた！

3

enoさんもいよいよ挑戦。まずはベースとなる粘土を均一に伸ばしていきます。厚さにムラがないように！

4

今回はフラワーモチーフのお皿を作ることにしたので、緑の粘土に葉っぱの形を描いて、くり抜いていきます

5

葉っぱの次はお花。こちらはカラフルにしたいので、色を変えて花びらの形に切り抜いていきます

6

切り抜いた葉っぱとお花をお皿の上に配置。この光景、ピザ生地に具を並べているようにも見えます（笑）

7

はがす瞬間が緊張！

並べ終わったら上に布をあてて裏返し、綿棒で伸ばします。布をはがすと、ベースの粘土にパーツが埋まっているはず

8

さっきまで立体だったお花と葉っぱがまるで絵のようになりました。さらに表面をきれいにならしていきます

9

絵柄が完成したら、型に押しつけてお皿に成形していきます。先生にも助けてもらいながら、慎重に！

10

型に押しつけてひっくり返したら、はみ出ている端の部分を糸で処理した後、裏側もきれいにならします

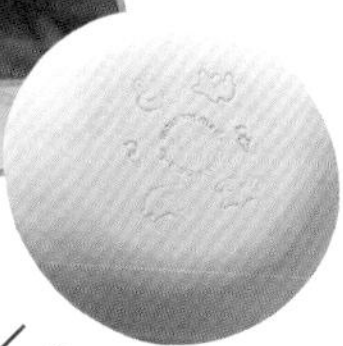

11

最後、「mess we made」のロゴや可愛らしい動物の柄を刻印できるスタンプを自由に選んで、底面に押したら完成！

底面まで可愛いなんて！

完成！

思ったよりも簡単で、粘土で遊んでいるような感覚だったのに、すごく素敵なお皿ができたので大満足です♪

ここまで作った後は乾燥～焼きの工程を経て、約3～4週間ほどで完成したら日本まで発送してくれます。楽しみ♡

できあがりはこんな感じ♪　カラフルなお花とマットな質感にmwmの魅力が詰まりつつ、自分で作った達成感は格別♡

最近、日本でも注目度が高まってきたタフティング。ひと足先にブームが来た韓国では続々とスタジオがオープンし、日本よりも気軽に体験できます♪

こんなに繊細な色合いまで表現できます!

コツさえ掴めば、不器用さんでもハイクオリティなものに!

KAPER STUDIO

フランスの国立美術大学でオブジェクトデザインを学んだジウンさんが教える、タフティング教室。思いのほか短時間で本格的なものを作れると韓国人の間でも人気です。

先生が作ったタフティング雑貨の販売もしています。お土産に欲しくなっちゃう!

ミニクラスでもこんなに立派な作品が作れちゃう♡

どんなワークショップ?

専用のタフティングガンを使って、毛糸を布に打ち込んでいきます。ミニクラスはミニミラー、鉢植えカバー、コースターから選んで作れるんです!

私が挑戦します!

SAKIさん

sakiponne

「普段、何かを作ったりする機会があまりないので楽しみです♪　昨年亡くなった愛犬を想いながらに、ミラーを作りたいと思います!」

CLASS INFO

開催日 毎日10時、14時、18時の中から選択可能
所要時間 ミニクラス約2時間半、1dayクラス約4時間
料金 ミニクラス75,000W(コースター・鉢植えカバー・ミニミラーから選択)、1dayクラス110,000W(ミラー・ラグから選択)
予約方法 InstagramのDMで問い合わせし、日程決定後にpaypalで支払い
可能言語 韓国語のほか、英語・フランス語も可能
住所 城東区練武場9キル10 2階 202
電話番号 070-7576-1882
Instagram kaper.studio

意外と体力を使うけど楽しいですよ♪

講師イ・ジウンさん

START!

1

ますは、糸を打ち込んでいくタフティングガンの使い方レクチャーから。数か所の穴に糸を通していきます

2

＼できるかなぁ～(汗)／

先生が実際に打ち込みながら説明してくれます。すき間を直線で埋めていくときは、布の目を基準にして2マス空きで打ち込んでいくそう

＼だんだん成長してる(笑)／

3

ついに実践！ 最初は絵柄の隣にある練習コーナーで打ち込んでいきます。見た目以上にコントロールが難しいようで苦戦するSAKIさん

タフティングガンの扱いに慣れてきたら、いよいよ絵柄に沿って打ち込み開始。輪郭の曲線は難易度が高いのでゆっくり丁寧に

4

＼糸が抜けちゃった／

5

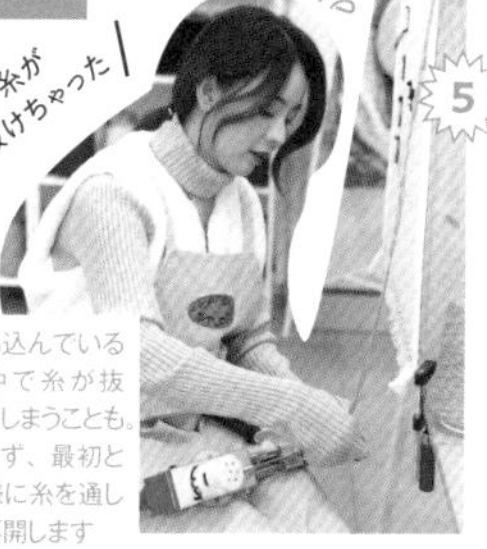

打ち込んでいる途中で糸が抜けてしまうことも。焦らず、最初と同様に糸を通して再開します

表側　SAKIさん側（裏）

6

打ち込んでいる側では仕上がりがわかりづらいですが、表側ではこんな感じでどんどん犬っぽくなっていってます

7

表側の毛を切りそろえながら黙々と打ち込み続け、絵柄は完成。こうやって見ると、横の練習コーナーからの伸びしろがすごい(笑)

8

裏側から接着剤を塗って、糸がほどけてこないように固定します

9

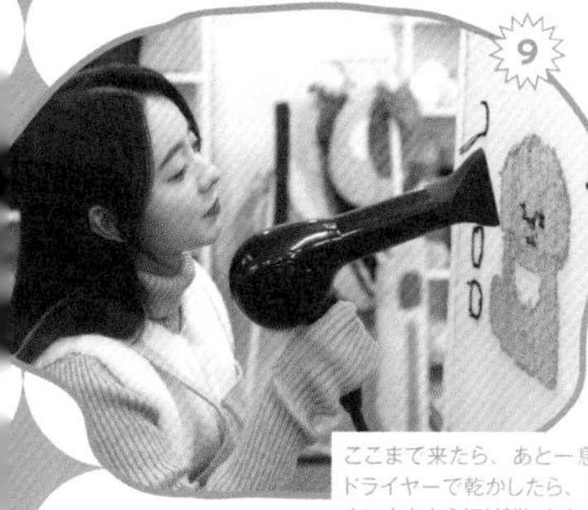

ここまで来たら、あと一息！ドライヤーで乾かしたら、いよいよ布から切り離します

10

表面の毛をバリカンで整え、布の端をきれいに織り込んでクルーガンで貼りつけます。その後、鏡を取りつけて裏地でフタをし、最後にもハサミで毛を整えます。

完成！

集中できるし、ストレス発散にもいいと思います！ 曲線の打ち込みが難しいので、直線の爽快感がたまらなかったです(笑)

持ち帰るにもちょうどいいサイズ感。裏側には壁掛け用の金具もつけているので、場所を問わずに使えそう！

教室内の撮影スポットにくパシャリ。長さが違う口元もハンドメイド感があって愛おしい♡

定番のワークショップもいいけど、自分の感性に任せてアイディアを形にしていくのはいかが？よりクリエイティブな体験ができます♪

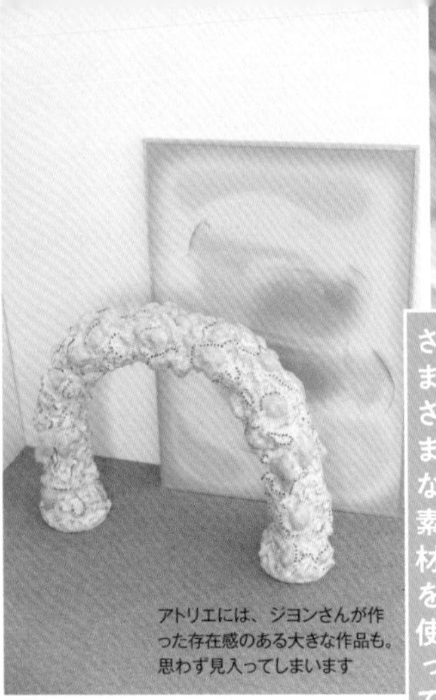

アトリエには、ジヨンさんが作った存在感のある大きな作品も。思わず見入ってしまいます

オブジェ作り編

MAKING OBJECTS

さまざまな素材を使って感性を養う新感覚ワークショップ

KAYA

レジン、粘土など多様な材料を使って作品を生み出すオブジェ作家のキム・ジヨンさんが開催している「thingworkshop」。型にはまらない、自由な創造を体験するクラスです！

どんなワークショップ？

このクラスで制作できる成果物の形は人それぞれ。メインとなる材料や内容も毎月変わるので、Instagramをチェック！　自由に"モノ作り"を楽しみましょう。

自分が求める色と形を叶えるクラスです！

こちらは4週間コースで作られた作品

どんなものを作れるのか楽しみです♡

P114のお皿作りに続いてenoさんがチャレンジ！

CLASS INFO

開催日　毎月Instagramにて告知
所要時間　約3時間
料金　100,000W※完成した作品の日本への送料が別途必要
予約方法　InstagramのDMで問い合わせ、またはHPのフォームから申し込み
可能言語　韓国語のほか、英語・日本語も可能
住所　中区退渓路41キル39 6階 601号
電話番号　070-8899-2000
Instagram　thing.workshop
HP　https://www.kayastudio.work/thingworkshop

講師：キム・ジヨンさん

1

取材時はオブジェができあがった状態からのスタートでしたが、通常の1dayクラスでは最初にシンプルなオブジェがあり、自由にクレイを重ねて形を作り上げていく作業から始まります

2

好みのテクスチャーはありますか？

オブジェができあがったら、カラーリングとテクスチャー材料の塗布へ。それぞれの素材の特性や見え方を、先生が教えてくれます

3

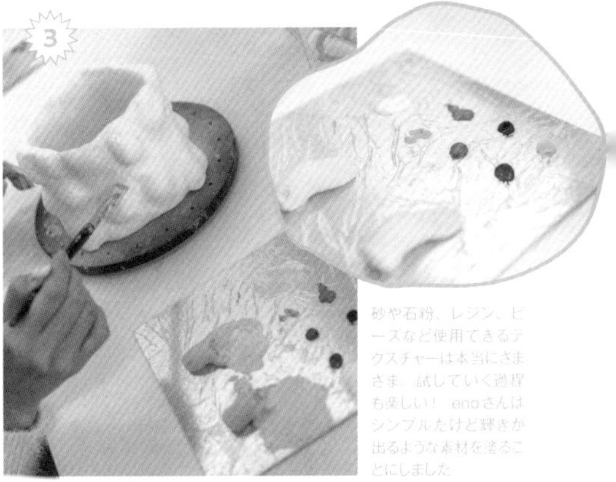

砂や石粉、レジン、ビーズなど使用できるテクスチャーは本当にさまざま。試していく過程も楽しい！ enoさんはシンプルだけど輝きが出るような素材を塗ることにしました

4

先生は韓国語・英語に加えて日本語も少し話せるので、わからないことがあれば聞いてみて！

5

あとはひたすら塗り進めていきます。今回enoさんはシンプルにまとめましたが、レジンなどを使ったりしても、よりオブジェ感が出て素敵になりそう！

どこまで塗るかも重要ですよね

6

カラーリングとテクスチャー材料の塗布が終わったら、ドライヤーをかけて乾かします

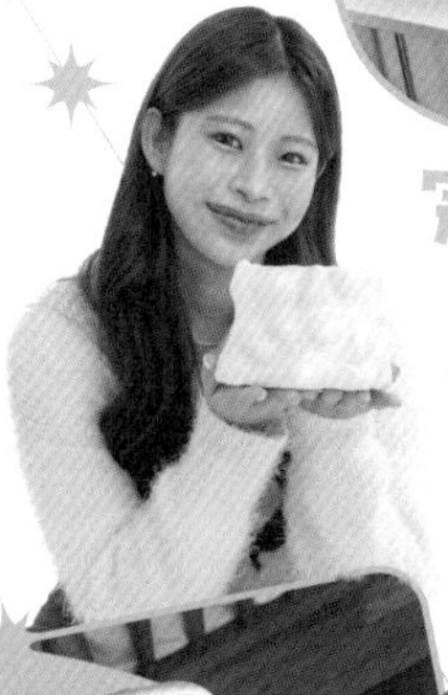

完成！

色みや質感でどう表現するか迷いましたが、自分が好きなシンプルデザインかつ面白く表現できたので大満足です♡

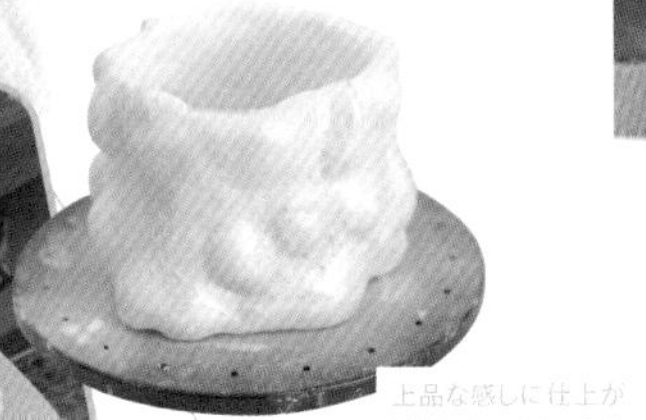

上品な感じに仕上がりました。1dayクラスでの制作が終わった後は、数日間のレジンコーティング作業を経てから自宅に届けられます

完成品は、家でこんな風に使っているそう。鉢植えを入れても似合いそう♪

＼まだまだあります!／

1dayワークショップLIST

“体験”をより重視する韓国には、バリエーション豊かなワークショップがまだまだたくさんあります。人と違う韓国旅行がしたいならチャレンジしてみて♪

石けん作り

ONDO SOAP

オープンから6周年を迎えた工房で、使うのがもったいないくらい可愛い石けんを作る体験ができます。材料を混ぜたりホイップみたいに絞ったり、料理感覚で楽しめそう!

可愛いだけじゃなく
お肌にも良い製法

石けんにはCP石けん、MP石けん、クリームソープなどの種類があります。ケーキのようなビジュアルで作れるCP石けんは肌タイプに合わせてレシピを調整できるそう♪

どこからどう見ても
本物のパフェ!

CLASS INFO

開催日 常時予約制で、希望日に合わせて予約可能
所要時間 約2時間～2時間30分
料金 CP石けん、MP石けん、入浴剤、クリームソープなど各クラス50,000～85,000W ※完成した作品の日本への送料が別途必要
予約方法 InstagramのDMまたはカカオトークにて問い合わせ
可能言語 韓国語のみ
住所 中浪区東一路156キル6 1階 101号
電話番号 010-3255-2090
Instagram ondo_official

セラミック雑貨作り

NIGHTFRUITI

P82で紹介した人気のセラミックスタジオでは、ワークショップも可能! 作りたいものは何でも作れるので、マグカップやプレート以外にオブジェなどを作る方もいるそう。

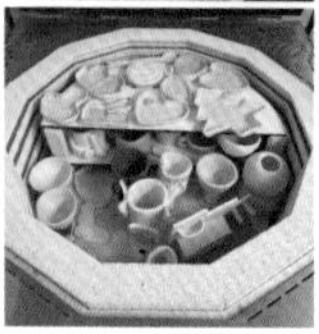

売り場の隣にある、乾燥棚・本焼き用の窯を完備した工房部屋で1dayクラスを開催。自由に作って、きのこや月などのNIGHTFRUITIっぽいスタンプを押すのがおすすめ!

NIGHTFRUITIで
人気のボウルを
自分で作ってみよう!

CLASS INFO

開催日 金～月曜(時間はHPにて告知)
所要時間 約1時間30分
料金 65,000W ※完成した作品の日本への送料が別途必要
予約方法 InstagramのDMにて問い合わせ
可能言語 韓国語のみ 住所・電話番号 P82参照
Instagram nightfruiti HP https://www.nightfruiti.com/

GGOOMIZ

ブックバインディング

紙を糸で綴じてノートを作る体験ができるクラス。いずれは可愛らしい"豆本"作りにも挑戦したい！　日本人だけのクラスも開講してくれるそうなので、韓国語が話せなくても気軽に参加して♪

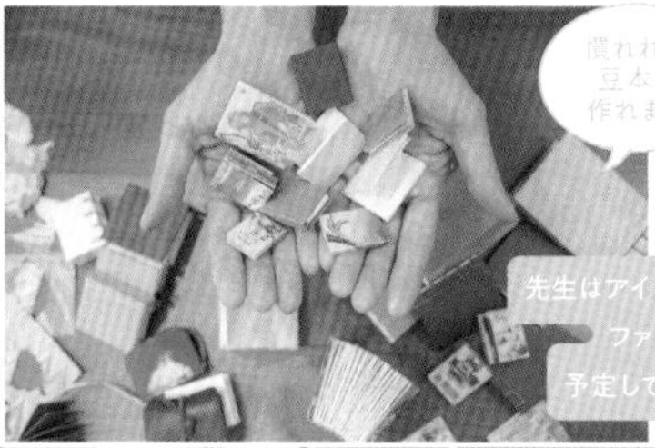

CLASS INFO

開催日 常時予約制で、希望日に合わせて予約可能
所要時間 約2時間　料金 55,000W
予約方法 InstagramのDMにて問い合わせ
可能言語 韓国語のほか、日本語も少し可能
住所 地下鉄2・3号線乙支路3街駅近く（参加者にのみ告知）
LINE ID ggoomiz
Instagram ggoomiz

まずはブックバインディングの基本となる縫製から練習し、好きなステッチで制作します。表紙に使いたい紙を持参するのもOK。ツールはお持ち帰りできるので、新しい趣味としてこの先もずっと楽しめる♡

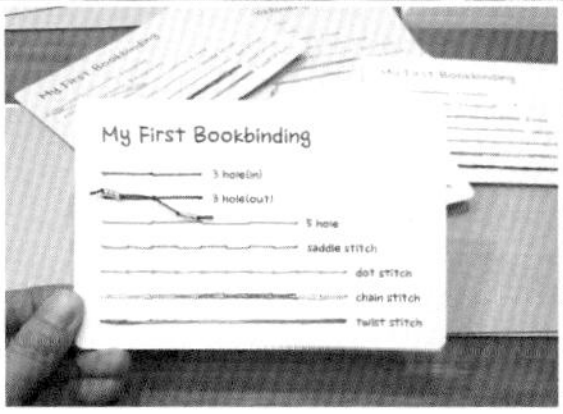

ofyou

グラス絵つけ

転写紙を使って、グラスやマグカップにデザインしていくワークショップ。YouTube番組「MAKE SOME BEER」の企画でHoney Jとチュウも楽しんでいました！

絵やロゴを描いたり、文字の形にカットした転写紙を、水につけてからグラスに貼りつけていきます。直接絵を描くのとは違い、コラージュのような印象に♪

CLASS INFO

開催日 火～日曜の11:00、14:30、17:30
所要時間 約2時間
料金 グラス、陶器など各クラス35,000～54,000W
※完成した作品の日本への送料が別途必要
予約方法 InstagramのDMまたはカカオトークにて問い合わせ　可能言語 韓国語、英語　住所 城東区往十里路66-33 2階　電話番号 010-8638-4743
Instagram ___ofyou_

素敵な雑貨屋がこっそり教える とっておきのお店 Part 2

おしゃれな雑貨屋さんは、おしゃれなお店を知っているはず！ということで、おすすめのお店をリサーチ。アパレルや洒落たカフェなど、どこも気になるさすがのラインナップがずらり。

KAYA（P118）のキム・ジヨンさんおすすめ！

TOTTEOKI 01

O'brett

Comment

「午後の時間に差し込む光が気持ちよくて、その時間帯に行くことが多いです。ふわふわの綿菓子が乗ったメロンソーダがお気に入り。MVのロケ地に使われたこともあるとか。」

오브렛／オブレッ

☎0507-1348-7929 中区水標路58-1 4階 月～土曜／12:00～21:00、日曜／12:00～18:00 ㉁火曜 地下鉄2・3号線乙支路3街駅2番出口から徒歩約1分 cafe_obrett

NIGHTFRUITI（P82）のキム・ソラさんおすすめ！

TOTTEOKI 02

DoDeTe New Things

Comment

「2022年9月にオープンした感度高めなセレクトショップ。アパレルがメインですが陶器やお香立てなどの小物もそろいます。梨泰院周辺を散策する際は立ち寄ってみて！」

도데테／ドデテ

☎02-797-4717 龍山区梨泰院路54キル19 2階 12:00～20:00 ㉁無休 地下鉄6号線漢江鎮駅3番出口から徒歩約5分 dodetenewthings

DOPE RECORDS（P111）のキム・ユンジュンさんおすすめ！

TOTTEOKI 03

RICCARDO

Comment

「韓国のインディーズの代表レーベル「Happy Robot Records」が運営するカフェ。おいしい日替わりランチが人気です。レーベルのアーティストもよく利用するそうです。」

리카르도／リカルド

☎070-4827-5701 麻浦区西江路78 月～金曜／9:00～20:00、土・日曜／11:00～20:00 ㉁無休 地下鉄6号線広興倉駅2番出口から徒歩約4分 cafe.riccardo

Bigsleep（P28）のキム・ミンジョンさんおすすめ！

TOTTEOKI 04

LOUDER COFFEE BAR

Comment

「丁寧に淹れられた1杯を1日の始まりに買うことが多いです。おいしいコーヒーを飲みながらご機嫌に過ごせます。緑色の壁と木のテーブルというシンプルな内装も好きです。」

라우더커피바／ラウドコピバ

☎0507-1368-0158 冠岳区奉天路535 102号 月～金曜／12:00～22:00、土日祝／11:00～22:00 ㉁無休 地下鉄2号線ソウル大入口駅1番出口から徒歩約6分 louder_coffeebar_

Un Bon Collector（P51）のカン・ヒョンキョさんおすすめ！

TOTTEOKI 05

SINOLA

Comment

「LP音楽が流れる小さくてこじんまりした空間。ドリップコーヒーとフレンチトーストを食べるとホッと一息つけるんです。目覚めの1杯に立ち寄ることも多いですね。」

시노라／シノラ

☎010-6437-9249 鍾路区紫霞門路116 10:00～18:00 ㉁日曜 地下鉄3号線景福宮駅3番出口から徒歩約15分 cafesinola

CAVA LIFE（P70）のチェ・ソヨンさんおすすめ！

TOTTEOKI 06

dairy routine coffee

Comment

「駅からすぐの路地にひっそり佇むとても雰囲気のあるカフェ。知る人ぞ知る場所で、お客さん同士の素敵なコミュニティができています。席数は多くないので早めに行くといいかも。」

데일리루틴 커피／デイリルティン コピ

☎02-795-9998 龍山区漢江大路84キル5-8 火～金曜／9:00～21:00、土曜／11:00～21:00、日曜／11:00～18:00 ㉁月曜 地下鉄4号線淑大入口駅5番出口から徒歩約1分 dailyroutinecoffee

KOREA GOODS GUIDE BOOK

CHAPTER 08

作り手の想いに触れる …

注目のクリエイター6組を
深掘りインタビュー

手軽に“韓国っぽい”を演出できる大量生産の雑貨ではなく、
作り手の想いが込められた雑貨にしかない魅力とは?
この本でも紹介した6組のクリエイターへのインタビューを通して、
多くの人が韓国雑貨に心ときめく理由をひも解きます。

2人のセンスが光るヴィンテージショップから、人気ブランドへ

▶ INTERVIEW 01

The NEONMOON

ソソさん, ヨンジュさん

似た者同士の2人がお店をオープンするまで

――ヨンジュさんとソソさんが出会ったきっかけはなんですか?

ソソ「私が出版社の雑誌編集部でデザイナーとして働いているとき、彼を取材した先輩の紹介で会うことになったのですが、その日のうちに付き合うことになりました(笑)」

ヨンジュ「自分とこんなにも好みが似た人がいるなんて、驚きました」

――ソソさんがデザイナーになろうと思ったきっかけは?

ソソ「子供の頃から絵を描いたり、ものを作ることが好きで、大学では視覚デザインを専攻しました。大学では完全に変わり者だと思われてましたね(笑)。いつも変わった服を着て、他の学生は思いつかないようなアイデアの作品を作っていたので。でも、教授には可愛がられていたと思います。そんな私の自由奔放さを認めてくれる教授と出会い、その教授の枠にはまらない講義スタイルも好ましくて、次第に編集デザイナーになりたいなと思うようになりました。ちょうどその頃、たまたま『CRACKER YOUR WARDROBE』というストリートファッション雑誌を知って衝撃を受けたんですよ。他の雑誌にはない自由なレイアウト、愉快なコンテンツに面白いデザイン、ユニークな人のインタビューと写真が詰まった雑誌でした。絶対にこの会社で仕事したいと直感したのですが、運よく入社することができました。社会人4年目になる頃、自分の好きなものを紹介して販売する小さなお店を持ちたいという夢ができて、そうして誕生したのがNEONMOONです」

What's The NEONMOON

2014年に「NEONMOON」として最初のヴィンテージショップをオープン。その後、オリジナル商品を制作するブランドを立ち上げ、コスメブランド「rom&nd」とのコラボなどで日本でも爆発的な人気を博した。

――アメリカンヴィンテージなどのコンセプトに惹かれたきっかけは?

ソソ「子供の頃から『セサミストリート』や『長くつ下のピッピ』のドラマ、ディズニー映画のような西洋ベースの映像を見て、あちらの文化に漠然と憧れていたんだと思います。初めて海外に行った先はシカゴだったんですけど、滞在した2週間ずっと大興奮で、スーパーやお菓子屋さんで見かけた面白いパッケージのものをごっそり買って帰りました」

――ヨンジュさんは日本に住んでいたことがあるそうですが、そのときはどんなことをしていましたか?

ヨンジュ「姉が日本で働いていたので、2011年から2年間、大阪で日本語学校に通っていました。留学中はお店で食べたものを真似て作ってみたり、姉に手料理をふるまったりすることに楽しみを覚えるようになりました。よく食材を買ってたスーパーの魅力にもハマりました。たまにタイムセールに行き当たると、半額で買えたりするんですよね。そのときの幸せが忘れられません(笑)」

――そして2014年にNEONMOONをオープンすることになります。

ソソ「あの頃は旅先で買ってきたものや海外サイトで買い集めたものが家にあふれていたので、そういうお店を作って売ろうと思ったんです」

ヨンジュ「韓国にはまだ〝雑貨屋〟というカテゴリーのショップがなかったので面白いんじゃないかと思ったんですよね。はじめの頃は2人の家にあったものだけでお店が回っていたという(笑)」

ソソ「その後、NEONMOONを真似したようなお店が増えて、他のお店とは違う何かが必要だと考えた結果、オリジナル商品を作ることにしました。

アイテムやお店を詳しく! ⇒ P24

2店舗を運営しながら私はグラフィック制作を、ヨンジュは製品を生産するために奔走しました。これがブランドNEONMOONのはじまりですね。その製品を展示する場所として作ったのが、弘大のNEONMOONightです」

ヨンジュ「ありがたいことにブランドも人気になり、2人だけでショップ運営とグッズ制作をこなすことが難しくなったので、ショップはスタッフに任せて、僕たちは制作に集中することにしました」

——コスメブランドとコラボしたり、日本でもポップアップを開催したり、ブランドも大人気になりました。

ソソ「原宿でのポップアップストアは特に嬉しかったですね。本当にたくさんの方に来ていただいて、初日は感動のあまり泣いてしまいました。韓国から送った大量の服をラフォーレの地下で友人たちと検品したこと、夜の10時から朝までかかってポップアップストアの設営をしたこと、毎日のようにお手紙や差し入れをいただいて感動したこと、撤収するときタイルが剥がれなくて、お酢を撒いたら匂いが残ってしまったこと…」

ヨンジュ「EXOとのコラボグッズも印象に残っています。発売日の夜中からお店の前に列ができて、あっという間に売り切れてしまったと聞いて驚きました。コピー商品を作った業者を、EXOファンの方の情報提供で捕まえたこともありました」

Q AND A

今後、挑戦してみたいことは？

今の私たちの趣向に合った雑貨ブランドを立ち上げること。NEONMOONとは全然違う名前のブランドを作って、誰にもわからないようにひっそりとスタートさせたいです。（ソソ）

今の自分たちらしさを求めて 新たな店舗で再スタート

——昨年、初期のようにヴィンテージを販売するお店であり、カフェを併設したThe NEONMOONが聖水にオープンしました。

ソソ「2014年4月に1号店がオープンして2021年4月30日に閉店するまで7年という時間が過ぎ、私たちも7つ歳を取りました。それ以降はアパレル事業に力を注ぎましたが、30代中盤に差しかかって、自分たちの趣向とだんだん乖離してきたブランドカラーをどうすべきかについて悩みはじめたんですよね」

ヨンジュ「メイン客層に合った年齢層のデザイナーを採用してアパレル事業を拡大する道もあったし、ブランドを買収したいという声もありましたが、悩めば悩むほど自分たちの道ではないように思えたんですよね。やっぱり僕たちは自分たちが面白いと思えないことをしたり、誰かの好みに合わせるための運営はしたくないと思って、2022年1月に弘大のNEONMOONightも閉めました。そうやって悩んでいた頃、ソソが趣味としてベイキングを勧めてくれたんですよ。ベイキングのおかげで初心を取り戻せましたし、ショップだけでなく僕の料理を提供するカフェを併設した、今のThe NEONMOONができたのかもしれません」

ソソ「お店でお客さんと直接お話したり、みなさんの愛情を直に感じることが、疲弊していた私たちにとって大きな原動力なんだと改めて気づいて、韓国中を探し回って今の店舗を見つけたんです。インテリアのコンセプトはアメリカの田舎のダイニングバー。山のふもとに佇む、心地いい安らぎがありながら、重厚さも感じられるイメージ。20代の私たちが作った若々しさとはまた違った、30代の私たちらしさをインテリアに込めたいと考えていました。私たちが追求するレトロさを生かすには、全部自分たちでやるしかないと思って、内装は私たちで手がけています。置いてある家具も全部ヴィンテージなので、それに似合う雰囲気づくりが大切だと思って。今もセルフ・インテリアにはこだわりがありますね」

ヨンジュ「今までの店舗は自分たちだけでも十分でしたが、ここは広いので3か月もかかってしまいました。以前の店舗もインテリアの撤去からペイント、タイル、電気関係など諸々の作業を自分たちでやってきたので、もはや博士と言えるかも（笑）」

12月の取材時、その日ソウルは大雪だったにもかかわらず、オープンしてすぐカフェコーナーは満席に。ソウルっ子はもちろん、日本からの観光客も多く、移転しても相変わらずの人気ぶりだった。

カラフルで可愛らしいモビールは「空間に描いた絵を動かす感覚」

▶ INTERVIEW 02

ヨリンバラム

オ・ションさん

What's? ヨリンバラム

作家オ・ションが運営するブランドで、여린바람(ヨリンバラム)という名前は"そよ風"を意味する。カラフルなアクリルを用いたモビールは自然を独自の観点で切り取ったようなパーツが連なり、そのデザイン性で人気に。

絵が私の中心であり コミュニケーションの手段

――モビールで注目される前から絵を描いていたそうですが、今に至るまでの経緯を教えてください。

「子供の頃から絵を描くのは好きでしたが、美大では映像を専攻しました。自分が描いた絵を動かすことに興味を持っていたので映像を専攻したのですが、映像として絵を動かすためにはいろんな工程があって、時間もすごくかかるので、私には合わないと感じました。それで映像以外で絵を動かす方法はないかと考えていたとき、たまたま絵を描くのに失敗した紙があって、それを使ってモビールを作ったところ、好評だったんです。美大卒業後は映像会社に務めていたのですが、その後、27歳で再び美術学院に通って絵の勉強をしなおして、その勉強と平行しながらモビールを作って、今に至るという感じです。もともと絵を動かすことに興味があったけど、モビールは私にとって空間に描いた絵を動かしているような感覚なんですね。それが私には新鮮でしたし、今の仕事を続けられている理由のひとつです。もうひとつは、愛犬の死が関わっています。それまで生き生きと動いていた生き物が、急に動きを止めてしまう。そのことに衝撃を受けて、私は生きているものの動きに対する興味が強いんだなと気づくきっかけになりました。モビール作家としての活動は、そういった意味でも私に合っていると思います。でも、あくまで私の中心は絵で、絵をもっていろんなことにチャレンジしていく中でモビールが生まれただけなんですね。絵を描くだけでなく、絵を映像に落とし込んでみたり、絵を学ぶ中でいろんなことに挑戦してきただけで、絵は常に私の中にありました。他の作家さんも同じだと思うのですが、絵が上手い人たちって絵を手放すことができないんですよ。自分にとって絵は言語であり、絵を描くことが表現なんです。文章を書く人は言葉で自分の考えを伝えますが、それと同じように絵を描く人にとっては絵がコミュニケーションの手段なんです。モビールも絵の表現のひとつであり、映像も表現方法でした。だから絵はいつも私と共にあるものですね。でも当初は、私が絵を描く人だというのはあまり知られず、モビール作家としてだけ注目されたので、それは少し残念でしたね。その2つは両立できないのかと悩んだこともありましたが、今では私の絵にも注目してくれるファンが増えて、私が単なるモビール作家ではなく、いろんな作品の中にモビールがある、ということが知られるようになったので感謝しています」

――モビールを作るのにアクリルという素材を思いついたきっかけはなんですか？

「素材に関してはとても悩みました。私は飽きっぽいので、紙に印刷したものでモビールを大量生産するよりも、少量でも自分で組み合わせるほうが合ってると思ったんですよね。それでどうすれば少量だけ作ることができるだろうかと考えていたところ、たまたまソウル市がお店とクリエイターを結びつける企画をやっていて、私はとあるお店の看板を作ることになったんです。そのときにアクリルを使うことになったのですが、アクリルは自分が欲しい分だけカットできて、個数も形も自分の望んだとおりに発注できるし、何より扱いが楽なん

アイテムやお店を詳しく！ ⇒ P19

です。私が描いた線をなぞってカットできるし、色と透明度が選べるというのも魅力でした。特に透明なアクリルは影にも色がつくところが個人的に気に入っています」

おばあちゃんの庭が愛らしいモビールの原点

——オ・シヨンさんの作るモビールは形もデザインも個性的で可愛らしく、カラフルなところが魅力ですが、どんなものからインスピレーションを得ていますか?

「私は落ち込みやすいタイプだから、逆にカラフルなものを見て元気をもらってるのかもしれないです。落ち込んでいる日はイエローの服を着て自分の気分を盛り上げたり、そういう単純なことが私には大事で、作品にも影響を与えているんだと思います。形に関しては、子供の頃の記憶が影響しているのかもしれません。私は幼少期に両親が離婚して、都会から田舎に引っ越したんですが、その頃の私は家族に愛されていないと思い込んでいたんですよ。でも田舎で見た夜空は都会では見たことがないくらい星がいっぱいで、まるで星空に抱きしめられているみたいな感覚になりました。それに、田舎ではおばあちゃんが私をとても可愛がってくれたんです。小さな庭で育てたトマトとか葉大根を採ってきては『小さくて可愛くて、まるでおまえみたいだね』と言ってくれて、その言葉は私には『愛してる』と同じでした。そのおかげか、私も地面を観察する癖がついて、今でも地面に落ちている石や落ち葉を観察するのが好きなんですよ。落ち葉も、完全な形のものよりは虫食いがあったり、傷んでいたりするものを慈しみたいんです。欠けたり傷んでいたりする落ち葉が自分みたいに思えるから。そういう感情移入があるから、少し変わった形のモビールが生まれたのではないかと思います」

——オ・シヨンさんのモビールが人気になるにつれ、類似商品も見かけるようになりましたが…。

「企業が類似商品を販売していることに、はじめはすごく傷つきました。SNSで『これはコピー商品です』と投稿して怒りを表したこともありますし、法的に訴訟する準備もしていました。でも、今の韓国の法律ではなかなか難しいらしくて…。それに、そんなことに時間とエネルギーを使うよりも、今この貴重な時間を、まだ若いオ・シヨンという作家がクリエイティブに活動する時間として活用するほうがよっぽど大事だなと考えるようになりました。幸い、私の作品の価値を認めてくださるファンの方はたくさんいますし、それにコピー商品は所詮、私の過去を真似ることしかできません。私がこれから作るであろう作品は、誰にもコピーできないんです。私はこれからも成長し、進化し続ける自信があるし、過去の私をコピーした商品が売られることには今もまだ傷つくけれど、今は自分の作品作りに集中したほうが、自分の作品の価値を高めることにもなると思っています」

——今後、日本でやってみたいことはありますか?

「韓国ではモビールや絵の展示をしたことがあるのですが、日本でも展示ができたらすごく嬉しいですね。聞いたところによると、日本の方は一度ファンになったら長く応援してくださるそうで、とてもうらやましいと思っていました。いつか日本で展示やポップアップなどの機会があればぜひやりたいです。ソウルと東京はそんなに遠くもないですし、いつかやってみたいですね」

——ちなみに、オ・シヨンという作家名の由来はなんですか?

「両親が離婚した後、私が絵を描き続けるのを助けてくれたのは母だったので、母の名字を使いたかったんです。それに私が好きな〝詩(シ)〟と、その音に合う〝ヨン〟をつけて作家名にしました。今ではこれが私の名前というくらいなじんでます」

色とりどりのモビールが吊るされているシヨンさんの作業室。手作業でモビールパーツをつなぎあわせていくため、少量生産で取り扱い店も限られている。まさに"とっておき"を感じられるモビール!

Q AND A

歌手のIUさんがモビールを部屋に飾っているのは知っていましたか?

ファンの方が教えてくれたのですが、信じられませんでした。つらかったとき、IUさんの「マウム（心)」という曲を聴いて励まされたので、少しでも恩返しができていたら嬉しいです。

新しいのに懐かしい、可愛くてユニークなイラストで人気

やりたいことを貫く姿勢は日本の美大で学んだ

――絵を描き始めたのはいつ頃からですか？

「絵は記憶にないくらい幼い頃から描き始めました。たぶん幼稚園に行く前から描いていたと思います。紙さえあれば絵を描いていたので、両親も『この子は絵を描く子なんだな』という感じでした。小学校に上がると、授業中でも休みなく描いていましたね（笑）。その頃って、描いたものを友だちが褒めてくれたりするじゃないですか。友達が好きなマンガのキャラクターやアイドルを描くと褒めてもらえて、そういう楽しみを知ったのがその頃ですね。それで自然と、今のような道に進みたいと思ったんだと思います。中学生のときに美大に進みたいと思って美大用の塾に通い始めました。そこは自由に絵を描くというよりも入試のためのテクニックを学ぶ場で、面白みはなかったですね。その後は弘益大学の美術科に入りました。大学では視覚デザインを学んだのですが、デザインを学んだことでより絵を描くことに面白さを感じるようになって、卒業後は日本の多摩美術大学の大学院に留学して、油絵を専攻しました。多摩美では多くのことが学生たちの自由に任されていたのですが、それがよくもあり、時には悪くもあり（笑）。でも私にとってはすごくよかったですね。韓国では自分が進むべき方向に関する授業がわりとタイトに組まれていたのですが、日本では自由に、気の向くままに絵を描くことができたので、楽しかったです」

▶ INTERVIEW 03

DOWNTOWN MIX JUICE

JUICEさん

What's DOWNTOWN MIX JUICE?

イラストレーター・JUICEが描く、可愛くてキッチュなイラストをグッズとして販売するオリジナルブランド。ブランド名の由来は「街のジュース屋さんみたいな名前にしようと思って、5分で決めました(笑)」

――日本に留学していた頃、日本のアートやクリエイティブから何か影響を受けたことはありますか？

「デザインというより、純粋なアートだからかもしれませんが、トレンドに惑わされず、本当に自分がやりたいことを追求するという姿勢を学びました。私が多摩美に通っていた頃は1クラスに30人くらいの学生がいたのですが、全員まったく違う絵を描くんですよ。自分がやりたいことを掘り下げて、長い間ずっとそうやって絵を描いてきたんだなと感じられる作品を描いている。正直に言って、それらが売れるか売れないかで言ったらわからないけど、そういった考え方は抜きにして、ただ描きたいから描く、という感じが私にはすごくありがたかったです」

――韓国で通っていた大学とはかなり違った雰囲気だったんですね。

「もちろん韓国でも美大によって違うとは思いますが、私が通っていた大学はもっと産業的というか、売れる作品を作るための講義という感じだったので、多摩美のそういった雰囲気が私にはとても新鮮でした。極端な話、『なんでこの絵を描いたんだろう？』と思うような絵も多かったんですよ（笑）。誰も買わないだろうし、誰にも好きだと言ってもらえないような、そんな絵をずっと描いている人もいました。韓国にもそういう人がいないわけではないけど、それほど多くはなかったので、日本の美大のほうが自由な雰囲気だったと思います」

"カワイイ"と"残酷"の感情の根源は同じ

――DOWNTOWN MIX JUICEをはじめたきっかけは？

アイテムやお店を詳しく! ⇒ P40

「会社を辞めてこのブランドを立ち上げたのですが、その最初の活動としてソウルイラストレーションフェアという韓国で一番大きいイベントに出たんですよ。年に2回開催される、日本で言うならデザフェスみたいなイベントですね。それでそのソウルイラストレーションフェアに出るために必要な書類に書くための正式な名前が必要だったので、慌てて名前をつけたのがはじまりです(笑)。当時はブランドを立ち上げるつもりがあったわけではなくて、ただイベントに参加するためにとりあえず名前をつけただけだったんですよ。でもイベントでの反応がすごくよかったので、じゃあやってみるか、という感じで活動をはじめました」

——DOWNTOWN MIX JUICEは、可愛いキャラクターがちょっと怖いことをしているような、ギャップのある作風が特徴だと思います。どのような経緯でこの作風に行き着いたのでしょう?

「実は、今の作風は私が大学生のときに描いていた作品の延長線上にあるんです。大学生の頃は〝カワイイ〟をテーマに作品を作っていたのですが、その中で、〝カワイイ〟と〝残酷〟が与える魅力は同じ気持ちから生まれるのではないかという考えに至って、そういうイラストを描くようになりました。でも当時は今よりもっと残酷で、もっとコアな作品が多かったです。今はその頃に比べるとライトで優しいキャラクターに落ち着きました」

Q AND A

好きな日本のクリエイターは?

ツモリチサトの服を初めて見たとき、「こんな服があるんだ!?」と衝撃でした。服の全面にイラストが入っていて、ファッションとイラストが共存しているところに魅力を感じました。

日本の80〜90年代アニメが今の作品の原点

——この本の監修を担当しているnatsuyoさんのお店、雑貨屋PKPでもDOWNTOWN MIX JUICEのアイテムはとても人気があります。日本でも自身の作品が愛されていることについてどう思いますか?

「すごく不思議です。ちょっと前に日本を訪れた際、雑貨屋PKPにも行ったんですが、多くの人が歓迎してくださって、なんてことだろうと思いましたね。私も日本に住んでいた時期があるし、日本の文化が好きなので、日本の人も私の作品を好きになってくれるのかなと思ったりします。心のふるさとが同じというか(笑)。だから、他の国より日本の方のほうが私の作品を好きだと言ってくれる人が多い気がします。私の作品は笑える部分があるところが特徴だと思うのですが、日本の方は口をそろえて、子供の頃に持っていたファンシー文具を思い出すって言ってくれるんですよ。子供の頃の思い出を刺激されると。そこにユーモアがプラスされているのが私の作風なので、そういうところを好きになってくれているのかなと思います」

——たしかに懐かしさを感じると同時に、韓国の人が描いているということを不思議に思うことがあります。

「日本の方からはよくそう言われますね(笑)。PKPのnatsuyoさんと初めて会ったときもそんな話をしたんですよ。私が影響を受けたのが80〜90年代の日本のアニメで、私が子供の頃にたくさん見てきたものなので、たぶんそういう作品が生まれたんじゃないかなと思います。そのせいか、韓国の人からはあまり懐かしいという声は聞かないんですよね」

——今後の展望や、日本でやってみたいことを教えてください。

「普段は本や雑誌のイラストを描く仕事をしていますが、個人的に描いたマンガをSNSにアップしていて、これは今後単行本にまとめようと思っています。本当は去年出版する予定だったんですけどね(笑)。2023年の上半期には出版できるんじゃないかと思います。そして、いつかは雑貨屋PKPでポップアップストアができたらと思っています。そこでは来てくれた方に絵を描いたりもしたいですし、日本のデザフェスにも出たいですね。実は一度だけ出たことがあるんですけど、最近は以前のように自由に渡航できるようになってきたので、またデザフェスに参加できたらいいなと思います」

JUICEさんの作業室にて。焼かれている人間の周りで動物たちが楽しそうに踊っている、この世界観が唯一無二。コスメブランド「Benefit」とのコラボアイテムのように、ピンクでファンシーな雰囲気にも合う。

気持ちが読めない表情が、かえって心をざわつかせる

▶ INTERVIEW 04

0.1 チュ・ジヨンさん チュ・ジウォンさん

大学時代に学んだ版画が今のスタイルのヒントに

――お2人が絵を描き始めたのはいつ頃からですか?

ジヨン「絵を描き始めたのは子供の頃からで、そのときから趣味のように、習慣のようにいつも描いていました。本格的に始めたのは美大を意識し始めた高校生の頃ですね。その後、2人とも美大に進んだのですが、家に帰れば2人でいろんな話をしていたので、今のように 緒に作業することも難しくなかったです」

ジウォン「2人とも中央大学の美術科で、私は西洋画専攻でした」

ジヨン「私は東洋画専攻で、韓国画を学んでいました。今の仕事とはあまり関係がないんですけど…」

ジウォン「大学生の頃に版画の作家さんから学んだシルクスクリーンが面白くて、今みたいにイラストをシルクスクリーンで印刷するスタイルが誕生しました」

――2人で0.1という作家名で活動するようになったきっかけは?

ジウォン「2013年から活動を始めたのですが、きっかけはアートブックフェアに参加したことでした。このイベントに参加したくて名前を考えて、活動をスタートしたんですよ」

ジヨン「活動を始める前、学生の頃にアートブックフェアに行ったことがあって、すごく楽しかったんですよね。当時は私たちも卒業を控えていたので、卒業してすぐそのイベントに参加するために2人でチームを結成して、名前を私のジヨンから0(ヨン)を取って、ジウォンからは1(ウォン)を取って、0.1と決めました。それが私たちの始まりですね」

ジウォン「でもいざイベントに出てみたら、絵だけでは人の目に止まりにくいことに気づいたんです。それで自分たちのイラストを使った何かを作ること、たとえばグッズを作ったり本にまとめたり、そういったことに興味を持つようになりました。それ以降もこうして活動が続いているので、このアートブックフェアは私たちにとって大きな影響を与えてくれたものでしたね」

姉のチュ・ジヨン(写真右)、妹のジウォン(写真左)による作家ユニットで、2013年より0.1として活動。小説『アーモンド』の表紙イラストで日本でも人気に。イラストをシルクスクリーンで印刷し、グッズとしても展開している。

感情の起伏のない表情がいろんなことを想像させる

――ジヨンさんが体、ジウォンさんが顔を描いているそうですが、この分担はどう決めたんですか?

ジヨン「はじめの頃はそれぞれが描いたイラストを見せ合って、意見を聞いて自分で修正していたのですが、最初から相手に修正してもらったほうが早いと感じることが多くなり、顔はジウォン、私は体や輪郭線などを修正することが増え…」

ジウォン「そのうち、おたがい修正し合うよりも、自分が得意とするところを楽しんで描いて、それを合わせて1つの作品にしたほうがいいんじゃないかということで、今のスタイルに落ち着きました」

――ジウォンさんが担当している顔は、笑顔がなく、どこか寂しさや切なさを感じる表情が特徴的です。

ジウォン「私たちが主に描いているのは成人になる前の子供たちです。子供って、いつも明るく笑っているイメージが強いですよね。でも実際には何か事件が起きたとき、受け止める力は子供たちのほうが大人より強いんです。大人は、例えば自分が容易にできないようなことができたときはすごく嬉しいし、で

アイテムやお店を詳しく! ⇒ P68

Q AND A

『アーモンド』は日本でも有名になりましたが、何か反響はありましたか?

日本で出版された頃にコロナが蔓延しだしたので東京に行くことができなくて。なので私たちは何の変化もありません(笑)。今年こそ日本のアートブックフェアに参加したいです。(ジヨン)

きると思っていたことができなかったら悲しいし、その差が思っていた以上に大きいんですが、子供たちは逆にその差が小さくて、どんな状況でも目の前で起きている事柄をただ受け止める。そのアティテュードが素晴らしいと思うし、そういう感情の起伏の少ない状態を表情で見せるとしたら無表情に近いものになるのではないかと思って、今のような表情のイラストを多く描くようになりました。私たちもそういうアティテュードを見習いたいと思って」

——表情がないからこそ見る側の感情がより際立つように感じられます。

ジヨン「まさにそのとおりで、1つの表情を絵としてストレートに描くよりも、『あれってどういう感情なんだろう?』と絵を見て考えてもらえることで、奥深さとミステリアスさにつながっているんだと思います。私たちも自分たちが描いたイラストがどんどん好きになっていった、という感じでした」

ジウォン「想像の余地がある絵のほうがより面白いし、私も好きですね」

——ジヨンさんが体を描くとき、気をつかっていることはありますか?

ジヨン「深く考えたことはありませんが、それぞれ担当を分けているので、顔と身体のつながりが自然に見えるようにというのは気にしていますね。手を描くときは特に気をつかいます。絵を見るとシンプルな線でしかないけれど、手の動きや仕草などを美しく切り取ろうと努力しています」

絵を描き続けるためにたどり着いたのが今のスタイル

——印刷にシルクスクリーンを用いていることも特徴的だと思います。

ジウォン「以前は絵を描くことにしか興味がなかったとしたら、今はその絵に親しみを持ってもらえればと考えるようになり、よりみなさんが近づきたいと思うような作品にしたいと思って、版画を思いつきました。版画って、同じ絵でもいろんな風に複製できるじゃないですか。紙やキャンバスにしか残らない作品と違っていろんなものに応用できますし、そういうところも目新しく感じられました。絵を描いて、それを印刷して、さらにその絵で何かを作るという過程は思っていた以上に私たちに合っている、というのが一番ですね」

ジヨン「それに、印刷所で印刷するとデータを作成していたときと実際に印刷したときの色みがどうしても違ってしまうので、修正するのに時間と手間がかかるのですが、シルクスクリーンは比較的その差が小さいし、印刷物をすぐに確認できます。アトリエでも手軽に印刷できるので、それもメリットだと思います」

——自分たちでミシンを使った縫製もされています。そこまでするのはなぜですか?

ジヨン「一番最初にミシンを使い始めた理由は、作りたいものがあるのに工場に頼むと大量に発注しないといけないからでした。価格的な問題で最小ロットが決められているから仕方がないのですが、1つ2つ作りたいだけというときはミシンで作ってしまうのが手っ取り早いんですよね」

ジウォン「実際にミシンで作ってみたら楽しかった、というのもあります。絵を描くこともある意味、肉体労働ではあるんですが、意外に頭を使うし、ストレスが溜まったり、スランプに陥ったりすることがあるんですよ。そういうとき、ミシンを使って何かを作る、身体を動かしてものづくりをするという過程が入ると気分転換にもなりますし、そういう循環が作業を続けていくのに役立っています」

ジヨン「1つのことを繰り返しているとストレスが溜まりますが、いろんなことを次々にやることで、その工程で溜まるストレスを循環していくような感じですね」

ジウォン「そういった単純で反復的な作業を合間に入れることで、絵を描く仕事も長く続けられるんです。これは仕事を長く続ける秘訣になりそう、という予感がしています(笑)」

予約制で訪問可能なアトリエは延南洞の閑静な住宅街にあり、大きな窓から光が差し込む素敵空間。0.1のこれまでの作品や2人の作業などを間近で見ることができるので、ぜひファンには一度訪れてもらいたい。

余白を大きく取ったシンプルで美しい映画ポスターの元祖

▶ INTERVIEW 05

PROPAGANDA

チェ・ジウンさん

昔から映画ポスターに心惹かれてきた

――PROPAGANDAが手がける映画やドラマのポスターの多くは、日本でも広く知られています。数あるクリエイトやデザインの中でも映画やドラマなどのポスターデザインを手がけるようになった経緯を教えてください。

「なぜ映画ポスターを好きになったのかは、僕も正直わかりません（笑）。ただ、子供の頃から映画館の近くを通り過ぎるたびに自然と映画ポスターが目に入りました。まるでで引っ張られるように自然と惹かれていったというのが正直なところです。映画ポスターを作る仕事があると知ったのはかなり後になってからですね。高校生の頃、韓国の映画雑誌『SCREEN』を読んでいたら、映画ポスターに関する特集記事が載っていたんです。そのときに初めてこういう仕事が存在することを知って、美大に進んでデザインを専攻しました。もともと絵を描くことが好きな子供でしたし、大学に進むなら絵について勉強したいと考えていたのですが、映画ポスターを作るデザイナーたちはみんな大学でデザインを勉強していると知って、僕もデザイン科に進みました。だからその雑誌の特集記事が、もしかしたら僕がこの道に進むきっかけだったかもしれませんね」

――PROPAGANDAの映画ポスターは「余白を生かす美」が特徴的ですが、韓国では、さまざまなクリエイトにおいて「余白を生かす美」が浸透しているように感じます。韓国でこれほどシンプルなデザインが浸透しているのはなぜでしょう？

「その流行は僕が作ったものだと言ったら、ちょっと自慢が過ぎますかね（笑）。僕がPROPAGANDAを立ち上げたのは2008年で、もちろんそれ以前から余白が美しいポスターはありましたが、当時は俳優の顔が大写しになっているものがほとんどでした。そんな中で僕が作るポスターは余白を大きく取り、タイポグラフィも大きい、というのが特徴でした。僕はフランス映画『グラン・ブルー』のポスターに強く影響を受けているのですが、海の上にイルカが一匹、飛び跳ねているという構図で、僕はこのポスターが一番好きなんです。それに影響を受けた僕は自然とそういうデザインのものを多く作るようになり、それが韓国で流行するようになったのだと思います。映画ポスターもファッショントレンドと同じく流行があり、デザイン的な要素は時代的なトレンドで変わります。でも、映画ポスターが持つ役割は変わりません。それは、その映画がどれほど魅力的であるかをアピールすること、そしていかにして観客を映画館まで足を運ばせるか。そういった本質は昔も今も同じです。それに今の時代から見ても80～90年代の映画ポスターは美しいものが多いんですよね。ただそのときと今とで大きく違うのは、Photoshopがあるかないかですね（笑）。昔はハサミで紙を切って、のりで貼るといったことをしたり、もしくは絵に描くということをしていたけれど、今はPhotoshopのおかげでそういった合成はパソコン上で手軽にできるようになったので、スキル的な意味では変わっ

What's PROPAGANDA?

2008年よりチェ・ジウンが立ち上げたデザイン会社。シンプルながら印象に強く残る映画ポスターの数々は日本でも話題に。毎月最終土曜日のみ営業する「PROPAGANDA CINEMA STORE」はマニア垂涎の品が揃う。

たと言えると思います」

韓国のファンは厳しい だからこそ質が向上した

――韓国映画やドラマ、K-POPが日本で人気な理由として、韓国のアートワークに魅力を感じる人が増えていることが挙げられます。韓国のクリエイトやアートは、ここ数年で急成長したのでしょうか？

「僕としては、K-POPや韓国ドラマの人気が世界で高まったおまけのようなものだと思っています。韓国のデザインは以前からずっと良かったんですよ。ただ、ようやく海外の人が韓国デザインの良さに目を向けるようになっただけで。海外の人にとっては急に韓国のデザインが良くなったように見えるのでしょうが、例えばK-POPのアートワークもずっと素晴らしかったですよね。SMエンターテインメントやYGエンターテインメントのジャケット・デザインはほぼ世界最高水準だったと思いますし、韓国のドラマポスターもずっとよかったです。『愛の不時着』のポスターも我々が作ったんですよ。日本でも『愛の不時着』は人気だったと聞いていますが、それで自然にポスターについても触れる機会が増えたんだと思います。だから、ずっとデザインは良かったと思いますね」

――最近は特に韓国における大衆の感性のレベルの高まりを感じるのですが、そういった部分でPROPAGANDAが担った役割というのはあるのではないでしょうか。

「たしかに、韓国の一般大衆の見る目が高くなった、というのはあると思います。映画コミュニティで映画ポスターが公開されると『これはいい』だの、『これはダメ』だのすごくめんどくさいんですよ（笑）。事実、そういった評判を見てポスターを作り直すこともあるんです。韓国のファンはめんどくさくて、口うるさくて、並大抵のものでは満足しません。でも、そのおかげで制作レベルはものすごく上がったと思います」

――日本の映画ポスターやデザインで興味のあるものはありますか？

「僕は大島依提亜さんが好きなのですが、彼が作る映画ポスターは他のものとは一味違いますよね。『かもめ食堂』や『めがね』、『ミッドサマー』、『パターソン』、是枝裕和監督の『万引き家族』など、僕が好きだと思った映画ポスターはほぼすべてこの方が制作されたものですね。『First Love 初恋』のポスターもよかったです。写真も好みでしたし、最近一番ハマったドラマです」

海外からもファンが訪れる ショップも大盛況

――デザイン業のかたわら、月に1回「PROPAGANDA CINEMA STORE」をオープンしています。

「毎月最終土曜日にだけオープンするショップなのですが、毎月テーマを変えて、そのテーマに沿った映画とそれにまつわる収集品を展示しています。これまでウォン・カーウァイ監督や黒澤明監督の特集をしたことがありますし、韓国にもファンの多い是枝裕和監督作品のパンフレットやグッズを僕が日本で買い集めて、韓国のファンに紹介・販売したこともありますよ。韓国の制作会社からライセンスを得て昔の映画ポスターを僕がデザインし直したものの販売もしています。2021年には映画『子猫をお願い』が公開20周年を迎えたのですが、それを記念して台本集を販売したり、僕が昔から持っていたグッズの販売もしたんですよ。そのときは日本からもファンの方が来てくれました。よそでは買うことができないレアなアイテムが手に入ると一部マニアから注目されていますが、最近はコロナ禍のため予約制にしていて、その予約を取るのが大変という状況です。いずれは毎日営業できるようにしたいですね」

Q AND A

注目する韓国クリエイターは？

韓国で映画ポスターを制作しているPygmalionです。映画『Mommy／マミー』のポスターで有名ですが、是枝裕和監督作品の『海街diary』や『そして父になる』も彼らの制作です。

©ABO Entertainment Co.,Ltd.

2019『愛の不時着』

2021『その年、私たちは』

2022『犯罪都市 THE ROUNDUP』

韓国の話題作はもちろん、TBS系ドラマ『君の花になる』のポスターなども担当。本人写真で手にしているのは、手描きの映画看板写真1,000点を集めてPROPAGANDAが制作した『映画看板図鑑』。

動物を愛する気持ちと自身のセンスが詰まった雑誌を創刊

▶ INTERVIEW 06

OhBoy!

キム・ヒョンソンさん

動物と環境のことを語る雑誌を作りたかった

——『OhBoy!』を創刊したきっかけはなんですか?

「僕はもともとファッション雑誌のカメラマンだったのですが、２００９年に我が子のように可愛がっていた犬が死んでしまったことで、動物のためにできることをしたいと考えるようになり、動物と環境のことを考える雑誌として『OhBoy!』を創刊しました。カメラマンをやっていた当時はファッション広告や、韓国で作られている海外ライセンスのファッション雑誌、たとえば『BAZAAR』や『GQ』などの写真を撮っていて、今もたまに撮影しているんですが、当時はクライアントから依頼されたものを僕が撮るというのが通常でした。でも今は雑誌を作る立場になり、以前は僕に仕事をくれていたクライアントに、今度は逆に僕が広告を依頼するようになりました。この広告をもらうということが雑誌を作る上では一番難しいんです。でも僕には地球と動物の環境について語れる雑誌を作るという目標があったので、どんなに大変でもやり続けてきました。『OhBoy!』の創刊から今年で13年経ちますが、今、動物と環境が置かれている状況そのものが、僕に前に進む力を与えてくれています。最近よく『1、2冊出して終わるかと思ってたのに、ここまで続けられてすごい』と言われるんですよ（笑）。それはひとえに僕が動物を愛しているから、その気持ち一つでここまでやってこれたと思います」

What's OhBoy?

地球の未来と動物との共存について語るファッションカルチャー誌として2009年に創刊。現在、上水駅近くに動物福祉と環境の観点から厳選したアイテムの数々を紹介、販売するコミュニケーションセンターをオープンしている。

——『OhBoy!』が長く続いてきた理由のひとつには、デザインや写真のセンスが良いこともあるのではないかと思います。

「僕はベーシックなもの、シンプルなものが好きなので、『OhBoy!』のグラビアはセットを組んだり、凝った背景の写真は一つもないんですよ。大体白い壁で撮影しています。海外の作家で、ドイツ出身でイギリスで活動しているユルゲン・テラーというフォトグラファーがいるんですが、その人もセットを作ったりはせず、シンプルに撮る人なんです。僕の感性も、基本的で原初的なものを撮りたいというところから始まっています。派手でドラマチックなものよりは、ベーシックでシンプルなものが好きですね。そんな僕の好みが『OhBoy!』のデザインや写真に反映されています」

韓国文化の発展につながる多様性が今後の課題

——音楽や映画、ドラマなど韓国のカルチャーが世界中で受け入れられている理由はなんだと思いますか?

「僕はむしろ音楽も写真もアートも、韓国は日本からいいものをたくさん学んできたと思っています。僕自身も日本の文化が好きで、特に写真や音楽はそうですね。韓国の文化、特に音楽においては現状、アイドル音楽が世界で人気ですが、多様性のある音楽やバンド、より深い音楽を追求するならば、僕は日本の音楽のほうがむしろ好みですし、インスピレーションを得てもいます。韓国の文化が人気であることは素晴らしいと思いますし、事業的にプランを練って世界に通用する文化を作り上げているのはすごいこと。

アイテムやお店を詳しく! ⇒ P108

中でも映画は素晴らしいものがあると思います。韓国の映画監督たちの感性、演出は世界に通用するものがあると思いますし、先ほど日本の文化も素晴らしいとお話ししましたが、日本の映画は今、世界に向けた作品を作っていないようにも感じられます。特にアニメの実写化などは、あまりに国外の観客を意識していない、閉じられた文化という風に僕には思えるのです。日本にもアニメという素晴らしい文化があり、映画にするにあたって試行錯誤もあるとは思いますが、今後より世界の人が共感できる作品が生まれることを期待したいと思います」

——韓国のアートやカルチャーについて、改善したいと思っていることはありますか？

「映画やアート、クラシック音楽など、さまざまな分野で世界的にも素晴らしい活躍をしている人材が韓国にはたくさんいます。ただ、大衆音楽の分野においては個人的に少し心配ではあります。あまりにも多様性がないからです。一つの分野に集中することで世界に通じるコンテンツを作るというのは素晴らしいことだと思いますが、そこに多様性があればより長く、いろんな人に愛されるのではないかと思うんですよね。主に音楽業界に関しては多様性が今後の課題であり、それが韓国文化の発展にもつながると思っています」

Q AND A

日本のクリエイトやアートの中で好きな作品は？

脚本家の坂元裕二さんや是枝裕和監督など世界に通用するクリエイターが多く僕も日本の音楽やアニメ、マンガが大好き。写真作家も素晴らしい人が多く、いつか一緒に仕事したいです。

動物と環境への愛は雑誌を越え、ショップに

——「ＯｈＢｏｙ！」のコミュニケーションセンターでは本の他にも雑貨などが売られていますが、これらはどんな基準でセレクトしているんですか？

「一応ショップという形態で商品を販売してはいるのですが、ここのメインの目的はものを売ることではなく、環境や動物に関連した、いい商品を紹介するための場で、いわば僕がセレクトしたものを紹介するためのショールームなんです。環境にいいもの、そして動物実験を行っていないものはもちろんですが、中でも特に僕たちが大事に思っていることはタイムレスデザインであることですね。現代人たちは多くのものを買い、そして捨てていますよね。でも、最近は一つのものを買ったらそれを長く使おう、という機運が高まっていますし、実際にそういう製品も多いんです。ここに来ていただいたらわかると思うのですが、日本の製品も多いんですよ。日本のものが多い理由は、日本はもともとブランドの歴史が長く、デザインを大きく変えることなく、長く愛されてきたものが多いから。例えばここに置いてあるものの中で僕が一番好きなのは中川政七商店の布巾なんですが、ここは３００年以上続く老舗店なんですよね。そんなに長い間、同じ布巾を作り続けてきたという事実があまりにも素晴らしいですし、使い捨てのキッチンペーパーを使うのではなく、布巾を繰り返し使うというのは環境にもいいですよね。そういう製品を置いて、みなさんに紹介して、新しいものを買わずに、買ったものを長く使い続けてほしいと、そういう主旨の品物を置いて販売しています」

——今後、やりたいことは？

「動物と環境に対する想いが強いので、『ＯｈＢｏｙ！』創刊以降、僕は『ＯｈＢｏｙ！』に人生のすべてを捧げてきました。でも、僕はもともとフォトグラファーなので、自分の写真をみなさんにお見せする機会があまりなかったことに関しては残念に思っています。それで実は以前から時間を作って少しずつ写真集の準備をしているのですが、それを早く完成させて、早くみなさんにお見せできたらいいなと思っています。そして『ＯｈＢｏｙ！』の編集長としてではなく、またファッション雑誌のカメラマンでもない、写真作家キム・ヒョンソンとしての写真を見せたい、というのが僕の願いです。いつか日本でも写真集の展示会がやれたら嬉しいですね」

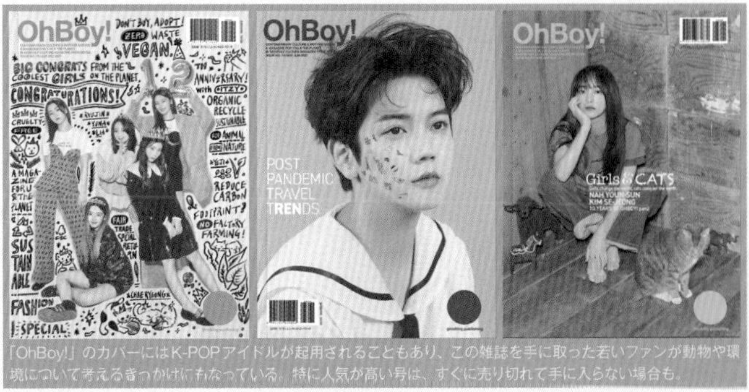

「OhBoy!」のカバーにはK-POPアイドルが起用されることもあり、この雑誌を手に取った若いファンが動物や環境について考えるきっかけにもなっている。特に人気が高い号は、すぐに売り切れて手に入らない場合も。

ソウル以外にも！

韓国地方TRIPで必ず行きたい雑貨屋

ここまでソウルを中心にご紹介してきましたが、ソウルに次いで人気の旅行地である釜山や済州にしかない“とっておき”雑貨も見逃せません！

済州

微笑ましすぎる老夫婦のイラストがソウルでも人気

BOMSAMUSO

P27のPOSETでも取り扱いがあり、ハートフルな作風でひときわ目立っていました。済州在住の作家さんで、ショールーム訪問時に似顔絵を描いてもらうこともできるそう！

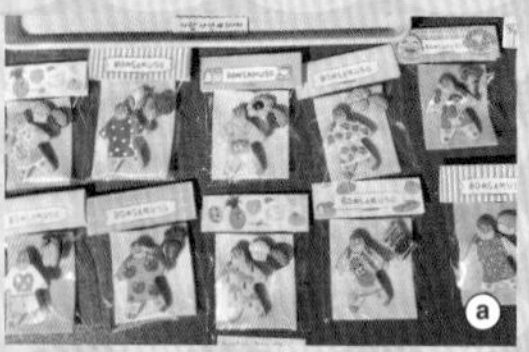

人気アイテムの“サングラスハルモニ”

ⓐブローチ各10,000W　イラストだけでなくフィギュアなど立体作品も制作。このブローチは季節ごとに衣替えするなど芸が細かい　ⓑポストカード各1,500W　定番人気のポストカードでは、推しの老夫婦を見つけたい　ⓒグリップトック13,000W　ちょっとワイルドなおばあちゃんがイカしてる♡

BOMSAMUSO

봄사무소／ボムサムソ

☎0507-1354-4678 🏠済州特別自治道済州市朝天邑咸徳8キル 36-1 ⏲13:00～18:00 ㊡火～木曜 済州空港から326番バスに乗り「咸徳農協支所」停留所から徒歩約5分 bomsamuso

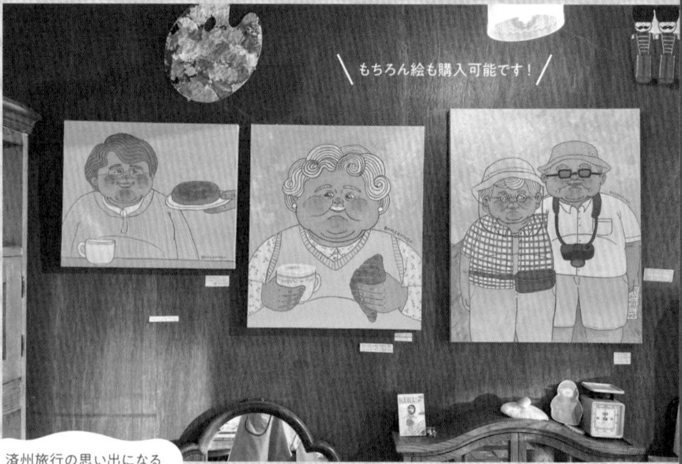

もちろん絵も購入可能です！

済州旅行の思い出になる似顔絵サービスがおすすめ♡

2021年5月からは西面駅と田浦駅のどちらからも近い場所へと移転したので、街歩き途中に寄ってみて

釜山

オープン10年目を迎えた釜山民に愛される雑貨屋

TWIN ÉTOILE

似ているようで好みは違う姉妹が立ち上げたデザインスタジオ兼セレクトショップ。「Goods for the life & Happiness」のスローガンを基に多くの韓国雑貨を扱っています。

HOTEL PARIS CHILL

パリ気分を味わえる人気のライフスタイルブランド

ⓔ

TWIN ÉTOILE

ⓐ ⓑ

ⓒ

PERCENTAGE / DESIGN とのコラボアイテム！

ⓓ

チェリーのキャラは店のオリジナル

TWIN ÉTOILE

트윈에뚜왈／トゥウィンエトゥワル
☎070-4129-7777 🏠釜山広域市釜山鎮区田浦大路221 🕘12:00～20:00 ㊡なし 🚉釜山2号線田浦駅7番出口から徒歩約4分 twinetoile_shop

ⓐポストカード1,200W、ⓑキーリング8,000W　ここでしか買えない"HELLO BUSAN"シリーズはぜひGETしたい　ⓒAirPodsケース12,000W＋キーリング8,000W、ⓓグラス各9,900W　TWIN ÉTOILEのシグネチャーであるチェリーのグッズも豊富　ⓔポーチ各10,000W　ナチュラルなしわ加工が魅力的

釜山

人気インフルエンサーが手がける最高に可愛い空間

BRACKET TABLE

Instagramのフォロワー30万人超えのyedyさんがプロデュースする雑貨屋が2022年7月にオープン。その徹底されたコンセプトが話題となり、あっという間に人気店になりました。

値段もリーズナブルなのでつい買いすぎちゃいそう

ⓐ

オリジナルアイテムもセンス良すぎ！

yedyさんが飼っているネコちゃんのグッズ♡

ⓑ

ⓐグラス各8,900W＋ドームキャップ各1,800W　キャップは、タンブラーなどほかのBRACKET TABLEアイテムにも使える　ⓑポストカード各1,500W　全10種。飼い主だからこそ撮れたベストショット！

BRACKET TABLE

브라켓테이블／ブラケッテイブル
☎070-4150-0999 🏠釜山広域市釜山鎮区西田路68番キル109 🕘10:00～20:00 ㊡なし 🚉釜山2号線田浦駅6番出口から徒歩約3分 bracket_table

大田

コンセプチュアルで実用的な文具を提案するブランド

Prelude Studio

2015年にオンラインから始まった、カラフルなデザインが可愛らしい文具店。ポップアップを通してPreludeの空間を作りたいと感じ、オーナーの故郷・大田に店舗を構えたそう。

消しゴムのガチャガチャはお目当てのものが出るまで止められない〜!

楽しく習慣づけできるルーティンポスター

ⓑ

達成したらこんな風に貼ってみて!

AからZまで26種類のステッカー

ⓐ

ⓒ

店主の飼い猫"アジ"

お店に通う野良猫"ネイリ"

ⓐアルファベットステッカー各1,200W "Alphabet"、"Boundary"、"Comfortable"…と各アルファベットが頭文字のテーマとなっているステッカー ⓑルーティンポスター&ステッカー3,500W　習慣づけしたいことを書き込み、できたらステッカーを貼っていく"30回だけ達成すれば完成するポスター" ⓒステッカー(2枚セット)各3,500W　お店の看板ネコちゃんたちがステッカーに♡　背景タイプと透明タイプの2枚セット。

The Prelude Shop

더프렐류드샵／ドプレリュドゥシャッ

☎010-2327-2955 🏠大田広域市中区中央路129番キル30 ⏲月〜金曜／12:00〜19:00、土・日曜／12:00〜20:00 ㊡なし 🚉大田1号線中央路駅7番出口から徒歩約3分 ⓘpreludestudio

つきぬけたコンセプトは一見の価値アリ

大邱 COJANTA

定期的にショールームのコンセプトやアイテムデザインをガラリと変えるショップ。本書掲載時の"SEE SAW SEA"シーズンも2023年3月には終了するので、次はどんなテーマなのかワクワク！

前回のコンセプトは"GREENHOUSE"でした

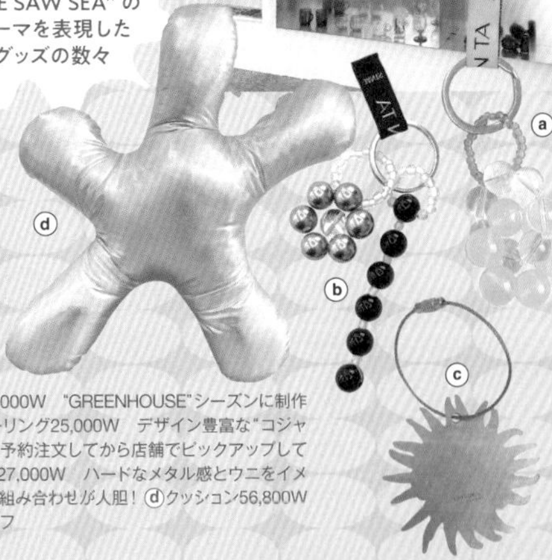

"SEE SAW SEA"のテーマを表現したグッズの数々

COJANTA

코잔타／コジャンタ

☎0507-1360-1913 🏠大邱広域市中区公平路85 3階 🕒13:00~20.00 ㊡なし 🚉大邱1号線中央路駅3番出口から徒歩約8分 @cojanta.official

ⓐブルーキーリング21,000W "GREENHOUSE"シーズンに制作されたアイテム ⓑキーリング25,000W デザイン豊富な"コジャンタリング"は訪問前に予約注文してから店舗でピックアップして ⓒスチールキーリング27,000W ハードなメタル感とウニをイメージしたカッティングの組み合わせが大胆！ ⓓクッション56,800W こちらはヒトデがモチーフ

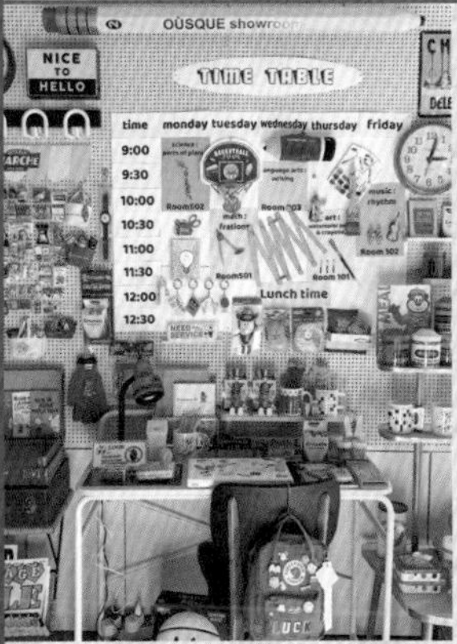

オーナーこだわりの"記憶に長く残る空間"

大邱 OÙSQUE

キッズ服のデザイナーとテキスタイルデザイナーが始めたヴィンテージショップ。アイテムのストーリー性や、インテリア、ウィンドウディスプレイを大切にしているそう。

自由にカスタムを楽しめるホテルキーリング

ⓐホテルキーリング18,000~40,000W ホテルキーリングにスイーツなどの好きなチャームを組み合わせられる♪ ⓑエコバッグ10,000W、ⓒマグカップ各15,000W OÙSQUEデザインのアイテム

オリジナルグッズはスマイルが目印

OÙSQUE showroom

우스끄쇼룸／ウスクショルム

☎070-7697-3451 🏠大邱広域市中区国債報償路149キル123-9 🕒14:00~19:00 ㊡月・火曜 🚉大邱1号線七星市場駅3番出口から徒歩約10分 @ousque_showroom

ホドリとクムドリがお出迎え♪

日本でとっておきの韓国雑貨が手に入る

雑貨屋PKPってどんな店？

本書の監修をした「雑貨屋PKP」についてご紹介！　この本に掲載されているアイテムも扱っているので、すぐに韓国に行けない人はぜひお店に足を運んでみて。

店名は韓国語で炒飯を意味する「볶음밥（ポックンパ）」の頭文字をとって、PKP！

古着屋や喫茶店などが立ち並ぶ東京・高円寺に2019年オープン。2010年頃から韓国へ頻繁に通う中で出会った作家やアーティストの作品を紹介したいと思い、お店を始めたそう。また可愛いものを発掘する能力に長けており、お店で扱う雑貨は“店主自らが本気で欲しいと感じた”選りすぐりの20ブランドほど。この本でも紹介しているヨリンバラムのモビールやAIRSLANDのキャンドルは現在（2023年3月現在）日本ではPKPのみでの取り扱いです。普通に韓国旅行をしてもなかなか見つけられないユニークな雑貨も多く取りそろえ、それ目当てにお店に来る人も多いとか。店舗左側の壁面はレンタルスペースとなっており、さまざまなアーティストの展示も不定期で開催しています。お店に足を踏み入れるたび、たくさんの“カワイイ”にめぐり会える雑貨屋PKPを通して、韓国雑貨の沼入りを果たしましょう。

店主のnatsuyoさん。韓国カルチャー全般やインディーズバンドなどにも詳しいので、気軽に話しかけてみて！

オリジナルアイテムも展開中

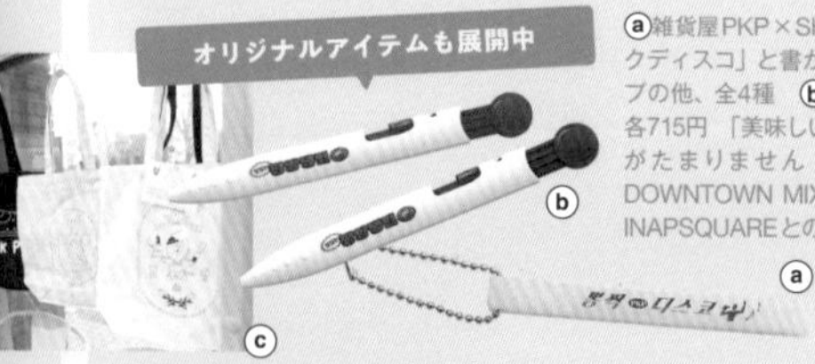

ⓐ雑貨屋PKP×SHUコラボチャーム1,760円　「ポンチャックディスコ」と書かれたホテルキー。暗闇で光る蓄光タイプの他、全4種　ⓑ雑貨屋PKP×SHUコラボボールペン各715円　「美味しい平壌冷麺」ボールペン。チープな質感がたまりません　ⓒトートバッグ各2,750円　右はDOWNTOWN MIX JUICE、中央は定番ロゴ、左はINAPSQUAREとのコラボ

レジ横の棚もアツくて見逃せない！

雑貨屋PKP

東京都杉並区高円寺南4-34-10　平日／15:00～20:00、土日祝／13:00～19:00　㊡Instagramにて告知　JR中央・総武線高円寺駅南口から徒歩約3分　zakka_pkp

日本人アーティスト「Cherry Riot」のクリアポーチ。タイやフランスの雑貨も一部取り扱っています

Peachならコスパ&タイパよし！ 韓国雑貨を大人買いしよう♡

雑貨のためにお金をキープしたいなら、エアーは低運賃でコストを抑えるのがGOOD。
しかもPeachなら時間を有効に使えるから、サクッと韓国旅行が楽しめちゃうんです。

[ココがイイ！ Point 01]

運賃がお手頃だから 雑貨にお金を使える

ソウル（仁川）へは羽田空港と関西空港からアクセス可能。片道5,000円台からという低運賃が魅力です。特に平日を狙えばお得度が高いので、上手にやりくりして欲しかった雑貨を手に入れちゃいましょう♪

羽田 — ソウル（仁川） 片道 ¥5,680~

関西 — ソウル（仁川） 片道 ¥5,280~

[ココがイイ！ Point 02]

仕事が忙しくても ソウル行きが可能！

羽田～ソウル便は深夜出発なので、仕事帰りでも渡韓できるのが嬉しい！　なかなか休みがとれない人でも、1日休めば満喫することが可能です。目的がある旅はもちろん、ちょっと息抜きしたい方にもおすすめ。

往路｜MM809 羽田 1:55 ▶ ソウル 4:35

復路｜MM808 ソウル 22:35 ▶ 羽田 0:55

[ココがイイ！ Point 03]

必要な分だけ自分流に カスタマイズできる

手荷物を預けたい…

うどんのような感覚で、希望する人は具材をトッピングしていくイメージ。移動だけの人は航空券のみ。手荷物を預けたり、機内食を食べたい人は追加料金を支払う形です。ニーズに合わせられるから、無駄が省けて◎。

機内食を食べたい…

座席を指定したい…

※フライトスケジュールは2023年3月現在の情報

0泊の弾丸雑貨屋巡りにチャレンジ！

START！

1:55 羽田空港出発

4:35 仁川空港到着

8:00 弘大で荷物を預けて朝ごはん

9:00 カフェで作戦会議

10:00 明洞で両替

観光情報センターでキーホルダーGET

11:00 安国に立ち寄り

Fritz Coffee Companyでマグカップ GET

11:30 景福宮散策

Ofr. Séoulでトートバッグ GET

13:00 乙支路散策&ランチ

mwmでお皿GET

14:30 新沙散策

NICE WEATHER MARKETでラバーグローブGET

16:30 ソウルの森散策

KioskKisokでナップサックGET

18:30 弘大散策&夜ごはん

ObjectでステッカーとモビールGET

20:00 荷物をピックアップして空港へ

22:35 仁川空港出発

0:55 羽田空港到着

GOAL！

Peachをもっと詳しく知りたい！

INDEX

“運命の出会い”を探しに！

とっておき 韓国雑貨ガイド

あ

か

さ

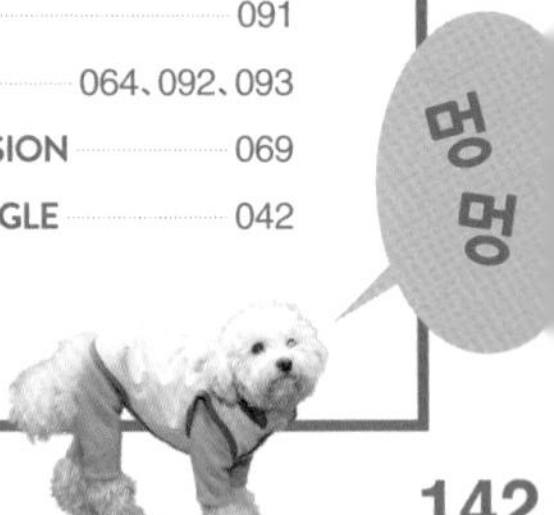

색인

2023年　3月 30日　初版発行

監修　natsuyo（雑貨屋PKP店主）
撮影　booro　鈴木ちひろ　鈴木恵
イラスト　kame（P9,21,35,47,81,95,113,123）　佐藤夏希（P4-5）
カバーデザイン　onnacodomo
デザイン　坪本瑞希　吾郷建哉（HUIIKU Co., Ltd.）
佐藤里穂　田辺梨乃
取材・文　尹秀姫（P124-135）
編集協力　キム・ギュリ
取材協力　鈴木ちひろ
企画・編集　鈴木恵　森田智沙登
DTP　明昌堂　新野享
校正　東京出版サービスセンター

“運命の出会い”を探しに！
とっておき
韓国雑貨ガイド

発 行 者　山下直久
発　　行　株式会社KADOKAWA
〒102-8177 東京都千代田区富士見2-13-3
電話　0570-002-301（ナビダイヤル）
印刷・製本　図書印刷株式会社

●お問い合わせ
https://www.kadokawa.co.jp/（「お問い合わせ」へお進みください）
※内容によっては、お答えできない場合があります。
※サポートは日本国内のみとさせていただきます。
※Japanese text only

定価はカバーに表示してあります。

Printed in Japan
ISBN 978-4-04-682220-8　C0026